リロ氏の絶望的に頭が悪い

\\ホットサンドメーカー//

HSM

HOT SANDWICH MAKER

レシピ

リロ氏

JN039147

KADOKAWA

「ホットサンドメーカーの人」と呼ばれて はや幾年、3冊目が出ちゃいました！

みなさんこんにちは、㕮氏と申します。

YouTubeとX（旧Twitter）で、料理を作って食べて飲んでるだけの、2分程度の動画を毎日アップしている、ケモ耳ハンター系酒飲みVTuberおじさんです。リアルでは、犬なし単独忍び猟（犬を連れずに1人で山を歩きまわる猟）を行う辺境僻地の末端ソロハンターをやってます。

さて、ネット上で「ホットサンドメーカーの人」と呼ばれてはや幾年。そして、前著から約3年。このたび、3冊目のホットサンドメーカー（略してHSM）のレシピ本を出版する運びとなりました！

前著の発行当時は普通の会社員でしたが、前2冊がおかげさまで大好評だったこと、また、キャンプブームが追い風となり、YouTubeとX（旧Twitter）のフォロワー数がさらに増え、今はそれでごはんが食べられるようになりました。これもみなさんのおかげです。本当にありがとうございます。

バーチャルの世界でも、アバターで元気に飲酒！　リアルではソロキャンし、ホットサンドメーカーなどの料理動画を発信している。

楽しさとおいしさがパワーアップ！
頭の悪さももちろんレベルアップ！

さて、HSM のレシピ本としては 3 冊目となった本書ですが、動画や既刊の 2 冊同様、「近所のスーパーやコンビニにある材料で・敷居は低く・伸びしろ広く（アレンジしやすい）」というスタイルは変わっていません。ついでに、動画でお馴染みの「絶望的に頭の悪い」スタイルも従来通りです！（笑）

前著を発行したあと、もうこれ以上新しいものは出ないだろうなぁと思っていましたが、もくもくと SNS に動画をアップし続けたことがいい充電期間となり、煮る系など、新しいジャンルのレシピも生まれました。さらに今回は、お惣菜などを上手に活用するレシピや、メスティンで作るレシピも収録しています。

パラパラめくって、「今日はこれを作ろうかな」などヒントを得られるものとして、また、キャンプメシは BBQ だけでなく HSM という手もあるよという、新たな発見として活用していただければと思います。

※所持している銃について
部品の交換取付及び改造はすべて専門店に委託し、管轄警察署の生活安全課にて適切に手続きを済ませています。バランサーエクステンションやストック等もすべて銃砲店を通して合法・正規品を購入しています。写真はすべて安全に配慮し、法律を遵守しています。自室での銃の写真・動画はすべてメンテナンス、技能向上目的の練習の際に撮影しています。

CONTENTS

はじめに……2

PART 1

便利・作りやすい・おいしいの3拍子!

ホットサンドメーカーのポテンシャル

PART 2

リロ氏といったらコレ!

みんな大好き絶望的に頭の悪いレシピ

PART3

よい子もお酒好きも楽しめる

おかず&おつまみ系レシピ

PART4

カロリー・糖質マシマシ

炭水化物レシピ

何でも使える！
メスティン活用レシピ

便利・作りやすい・おいしいの3拍子!

ホットサンドメーカーの
ポテンシャル

だいたいの料理が作れる！
高ポテンシャルなホットサンドメーカー

本来は食パンに具材を挟んだ「ホットサンド」を作る
調理器具のホットサンドメーカー。
しかしその汎用性は高く、
メイン料理からスイーツ、ピラフやパスタまで、
幅広く作れるポテンシャルの高い調理器具なのです。

【 揚げ焼き 】

少しの油で「揚げ焼き」にするから、ヘルシーなうえに片付けも楽。カリッとおいしい揚げ物風が手軽に作れます。少量作りたいときにもおすすめ！

【 焼く 】

さながら、両面焼きができる「ふたつきミニフライパン」または「持ち運べるミニオーブン」。ジューシーな焼き物料理が簡単に作れます。

【 圧縮 】

ホットサンドメーカーは食材に圧をかけて調理する調理器具。食材のうま味がギュッと凝縮されるので、おいしさもよりアップします。

ソロキャンにも1人暮らしにも ちょうどいい4つの魅力

1
1~2人分が作りやすいサイズ感

そもそも1回で1人分のホットサンドが作れる調理器具なので、1人分の料理を作るのにピッタリ。大判サイズを使えば2人分まで作れます。

2
食器としても使える

調理後はそのまま食べてもさほど違和感がないので、食器を用意する必要がなく、洗い物の手間が省けます。SNSに上げる際もちょっと映えるかも？

ひっくり返しの失敗から解放！

ひっくり返すときに失敗しがちなお好み焼きなどの両面焼き料理も、ホットサンドメーカーならそのまま裏返すだけ！ 失敗しないでこんがり両面焼きができます。

いつでも焼き加減が確認できる

焼き加減が気になったら、ふたを開ければすぐに確認できるのがホットサンドメーカーの長所。簡単にひっくり返せるから、両面の焼き加減の確認も楽。

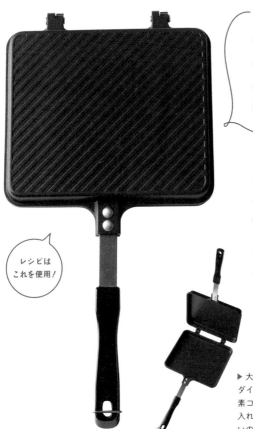

和平フレイズ

あつほかダイニング
ワイドサンドパン
MB-1772

まさにHSM料理のための
ホットサンドメーカー！

普通のホットサンドメーカーより容量約2倍、面積約1.5倍になったワイドサンドパン。これ1台あれば、「焼く」「揚げ焼き」「炒める」、そして少ない汁気であれば、なんと「煮る」も可能に！ アウトドアでも家でも大活躍のホットサンドメーカーです。
＊ガス火専用　＊IHは使用不可

レシピは
これを使用！

▶ 大きい食材や厚みのある食材も入るから、ダイナミックな料理にも挑戦できます。フッ素コーティングなのでくっつきにくくお手入れも楽。ふたは一体型。180°には開かないので開閉時は注意。

和平フレイズ

キャンプラス 折りたためる ホットサンドメーカー MB-2237

折りたためて持ち運びに便利！

ハンドル部分が折りたためるから、収納や携帯するときに場所を取りません。セパレート式なのでホットサンドメーカーだけでなく「2つのミニフライパン」としても使え、2種類の料理を同時に作ることもできます。
＊ガス火専用　＊IHは使用不可

▶ 菱形に配置されているため左右に角があり、料理を皿に移しやすいのもポイント。フッ素コーティングなのでくっつきにくく洗うのも楽。かゆいところに手が届くホットサンドメーカーです。

Iwatani

ホットサンドグリル CB-P-HSG

初心者用としてもおすすめ

Iwataniのカセットコンロの五徳にはまるように設計された、カセットコンロ専用のホットサンドグリル（もちろんガス火でも使える）。フライパンとしても使えるセパレートタイプで、片面はフラット、もう一方は波型と形状が異なるので、料理に合わせて使い分けてもいいかも。
＊カセットコンロ専用　＊IHは使用不可

▶ 深さがあるので厚手のパンや食材も調理しやすい。コーティングもしっかりしてるのでくっつきにくく手入れも楽。初めて購入する人にもおすすめ。

ホットサンドメーカーマスターへの道
（使い方のコツ）

閉まらなくても
圧をかけすぎない！

圧を
かけすぎない！

ボリュームのある料理など、最初はふたが閉まらない場合があります。圧をかけて無理に閉めると、破損やくっつき、ムラ焼けの原因になります。焼いているうちに徐々に閉まっていくので、じっくり待ちましょう。

これ重要！
弱火→強火がデフォルト

弱火
↓

最後だけ強火

最初から強火で焼くと「外は焼けるけど中は生焼け……（涙）」という悲しい事態に！　料理によって多少違いはありますが、「まずは弱火で中まで火を通し、最後に強火で焼き目をつける」が基本です。

置きっぱNG！
動かして隅々まで火を通す

円を描くように
動かす

どうしても火の入り具合にムラができてしまうので、コンロに置きっぱなしはNG！　全体にまんべんなく火が入るよう、ゆっくり動かしながら焼きましょう。とくに四隅は火が通りにくいので、意識して焼いてください。

分厚い肉は
隙間から出る水分に注目！

吹き出す
水の量に注目！

厚みのある肉を焼くと、最初は隙間から水が出てきますが、火が通ってくるとおさまってきます。ひっくり返したり倒したりを繰り返すと、中が乾燥してダッチオーブンのようになり、肉の中心まで火が通ります。

ときどき、
焼き具合をチェック
（ただし、やりすぎ注意！）

ときどき焼き具合をチェック！

各レシピには加熱時間が記載されていますが、使っている器具や食材の温度、環境（外か室内か）によって変わってきます。加熱時間はあくまでも目安とし、ときどきホットサンドメーカーを開いて焼き具合をチェックしながら焼きましょう。

ひっくり返すときは「汁受け容器」の上で！

ホットサンドメーカーをひっくり返すとき、隙間から汁や油がこぼれます。コンロの上で行うと大惨事になるので、耐熱性のある「汁受け用の容器」を用意し、その上でひっくり返しましょう（かなり熱いので火傷に注意）。

けっこうやりがち！ひっくり返しすぎに注意

柔らかいものをひっくり返しすぎると…

残念なことになる場合も…

料理によって、ひっくり返しながら焼くほうがよいものと、形が崩れやすいなど、あまりひっくり返さないほうがよいものがあります。ついついひっくり返したくなりますが、やりすぎないよう注意を。

余分な水や油は捨てながら焼く！

水分の多い食材や脂の多い肉などは、調理中にかなりの水や脂が出ます。そのまま焼いてしまうとおいしく仕上がらないので、ホットサンドメーカーの隙間から、余分な水や油を捨てながら焼きましょう。

ホットサンドメーカーの上で包丁（アウトドアナイフも）はダメよ！

HSM の上で切ると、傷がついてコーティングが剥がれたり、破損や劣化の原因となります。必ず皿などに移してから切るようにしましょう。どうしても HSM の上で切りたい場合は、キッチンバサミを使って切りましょう。

揚げ油の処理方法（外で使う場合）

●ホットサンドメーカーなどの場合（揚げ焼きレベルの少ない油の場合）
ホットサンドメーカーの隙間を少し開け、シェラカップなどに残った油を出します。キッチンペーパーなどに油を吸わせ、ポリ袋に入れて口をしっかり縛って、自宅に持ち帰りましょう。

●メスティンなどの場合（油が多く残っている場合）
吸わせるタイプの油処理剤を入れて油を吸わせてふたをし、万が一油が漏れても大丈夫なように、ポリ袋に入れて口をしっかり縛って、自宅に持ち帰りましょう。

（絶望的に）

頭の悪い料理を作り出すマストアイテム

何があっても不可欠な定番万能スパイス！

これ1本あれば味が決まる魔法の調味料、それがキャンプ用万能スパイス。リロ氏の HSM レシピには絶対に欠かせないアイテムです。いろいろな種類があるので、お気に入りの1本を見つけて使ってもいいし、料理によって変えても楽しいかも。
左から：マキシマム（中村食肉）／アウトドアスパイスほりにし（アウトドアショップOrange）／黒瀬のスパイス（黒瀬食鳥）／リロ氏の飯テロ用スパイス（村の鍛冶屋）

片手で使えるワンタッチタイプのキャップは、便利な反面、携帯時に開いてしまってリュックの中が大惨事になんてことも！　そのため、同じ規格のスクリューキャプに取り替えて持ち運ぶのがおすすめ。ちなみに、黒瀬、ほりにし、リロ氏のスパイスのボトルは規格が一緒でキャップの径も一緒。ほりにし、リロ氏のスパイスはワンタッチタイプ、黒瀬はスクリューキャップなのでキャップを変えて使ってもいいかも。

組み合わせ次第で豪華ディナーも作れる（かもしれない）冷凍食品

冷凍食品はすでに完成された食品なので、それだけでもおいしいですが、何かプラスアルファをしたり、食品同士を組み合わせたりすることで、より一層おいしいキャンプメシが作れます。ごはんや麺もの、惣菜、スイーツなど種類が豊富なのも材料として優秀なポイント。

キャンプメシのベースとなる 加工品・既製品・お惣菜

「荷物は少なく」「手軽に作れる」はキャンプメシの重要ポイント。そこで活躍するのが、チルドやレトルト、加工食品、お惣菜などの既製品。これをベースにひと工夫すれば、短時間で簡単に、おいしいキャンプメシが作れます。

味付けはシーズニングや 使い切りパックのタレを活用

調味料も既出のキャンプ用スパイスに加え、市販のシーズニングなどを活用すれば、いろいろな調味料を持って行く必要がありません。また、1人用の鍋の素など、使い切りの小分けパックのタレやソースも、キャンプでは大活躍するアイテムです。

いろいろな手間が省けるカット 済み野菜・下ゆで済みの食材

カット済み野菜、下ゆで済み野菜は、切る手間や下ごしらえを省けるうえに、ゴミも少なくて済みます。せん切りキャベツはそのままお好み焼きに。水煮はそのままパスタや中華の具材にするなど、汎用性も高く超便利です!

便利・作りやすい・おいしいの3拍子! ホットサンドメーカーのポテンシャル

レシピのルール

- 本書のレシピは、YouTube チャンネル「リロ氏のひとり遊びちゃんねる」に投稿されている動画を元に作成しています。作りやすさを重視し、一部のレシピは材料や作り方を変更しています。また、動画ではほかの器具で調理しているものも、ホットサンドメーカーに置き換えて作っているものもあります。

- 本書のホットサンドメーカーレシピは、すべて「和平フレイズ　あつほかダイニング ワイドサンドパン（P.12 参照）」で作っています。材料は 1 回分の分量で 1.5 〜 2 人分です。

- 通常サイズのホットサンドメーカーで作る場合は、半量を目安にしてください。

- 各レシピに記載してある火加減・加熱時間は、「和平フレイズ　あつほかダイニング ワイドサンドパン（P.12 参照）」で作った場合の目安です。調理環境（屋外・室内）やご使用の器具によって異なるので、様子を見ながら調整してください。

- 本書のレシピは、「誰もが簡単に作れる・短時間で作れる・入手性の高い材料で作る・アレンジが可能」なことをモットーとしています。そのため、使用食材には既製品も多く登場します。

- 基本的に、野菜の下処理（洗う、皮をむくなど）は作り方から省いて記載しています。

- レシピで使用する「お好みのキャンプ用スパイス」は、お手持ちのものや、お好きなものをお使いください。

- 本書では、ほとんどのレシピで、くっつき防止の食用油を塗ってから調理するプロセスになっています。フッ素コーティングなど、器具にくっつきにくい加工がされている器具の場合は塗らなくても構いません（薄く油を塗るとホットサンドメーカーが長持ちします）。なお、ホットサンドメーカーに食用油を塗る際は、レシピ内にとくに指定がなければ、両方の面に塗ってください。

- 料理によって、裏返しながら焼くほうがよいものと、あまり頻繁に裏返さないほうがよいものがあるため（P.15「返しすぎに注意！」参照）、本書では、「裏返しながら●分ほど焼く」と「●分焼き、裏返してさらに●分ほど焼く」という 2 つの表現を使っています。基本的に、裏返しても中の状態に影響がないものは「裏返しながら●分ほど焼く」と表記。裏返すことでデメリットが付随するものや中心部まで火をしっかり通したいものについては「●分焼き、裏返してさらに●分ほど焼く」と表記しています。

揚げ物の余分な油を切るテクニック

① ホットサンドメーカーを閉じたまま、隙間から余分な油を捨てる。

② ホットサンドメーカーを開き、4 つ折りにしたキッチンペーパーを 2 〜 4 枚のせる。

③ ホットサンドメーカーをいったん閉じて裏返し、もう片面にも②と同様の方法でキッチンペーパーをのせ、しっかり閉じる。

④ そのまま少し置き、余分な油が取れたらキッチンペーパーを取り出す。

リロ氏といったらコレ!

みんな大好き
絶望的に頭の悪いレシピ

ペペロンチーズ餃子

リロ氏のHSM料理の原点といえば餃子！

\# 絶望的に頭が悪いペペロンチーズ餃子をストゼロでキメるだけの動画

【 材料 (1回分) 】
冷凍餃子……1袋(12個入)
溶けるチーズ……6枚
市販のペペロンチーノパスタソース(具材付き)……1パック(1人前分)
サラダ油……適量

【 作り方 】

❶ ホットサンドメーカーにサラダ油を薄く塗り、冷凍餃子を並べる。

❷ ふたを開けたまま、中火で5分ほど焼き、水分を飛ばす（羽ができる！）。

❸ 水分が飛んだらふたを閉じ、裏返して弱火で2分ほど焼く。

❹ ふたを開き、溶けるチーズを4枚のせる。

❺ いったんふたを閉じて裏返し、再度ふたを開いて、もう片面に残りの溶けるチーズをのせる。

❻ ふたを閉じ、チーズに焼き色がつくまで弱火で3分ほど焼く。

❼ ふたを開け、ペペロンチーノソースと具材をのせ、火からおろす。

焼く前

絶望的に頭の悪い
にんにく無限ループ

両方食べたいグラタン
ジャンキーに捧ぐ

ポテトエビチーズグラタン

\# 絶望的に頭が悪いマキシマムポテトエビチーズグラタンをキメるだけの動画

【 材料（1回分）】
冷凍フライドポテト……150g
冷凍エビグラタン……1個
バター……10g
溶けるチーズ……4枚
お好みでタバスコ……適量

【 作り方 】

1. ホットサンドメーカーに冷凍ポテトをなるべく平らに入れる。

2. 1に冷凍エビグラタンを入れ、バターをのせる。

3. ふたを閉じ、ときどきゆすりながら弱火で10分ほど焼き、裏返して、さらに弱火で5分焼く。

4. 再び裏返してふたを開け、溶けるチーズをのせる。

5. ふたを閉じて裏返し、チーズに焼き色がつくまで焼く。

6. 火からおろし、お好みでタバスコを振る。

焼く前

お好みで
キャンプ用スパイスをかけると
さらに頭の悪いうまさに！

リロ氏といったらコレ！みんな大好き絶望的に頭の悪いレシピ

マヨチーズ焼肉ピザ

カロリー？
そんなものはどうでもいい！

絶望的に頭が悪いマヨチーズ焼肉ピザをレモンでキメるだけの動画

【 材料（1回分）】

牛切り落とし肉……150g
マルゲリータピザ（チルド）……1枚（約23cm）
焼肉のタレ……適量
ピザ用チーズ……60g

マヨネーズ……適量
サラダ油……適量
お好みでタバスコ、キャンプ用スパイス……適量

【 作り方 】

① ホットサンドメーカーにサラダ油を薄く塗り、牛切り落とし肉を入れる。

② ふたを閉じ、肉に火が通るまで軽くゆすりながら、弱火で3分ほど、裏返しながら焼く。

③ ふたを開け、焼肉のタレをかけて軽く混ぜ、ピザ用チーズを加えてさらに混ぜる。

④ 3の上に、マルゲリータピザを裏返しにしてのせる。

⑤ いったんふたを閉じ、ひっくり返す（ふたは完全に閉じてなくてOK）。

⑥ ふたを開き、具材の上にマヨネーズをかけ、ピザのはみ出ている部分を内側に折り込む。

⑦ ふたを閉じ、弱火で3分ほど焼き、裏返して、さらに3分ほど焼く。

⑧ 具材がのっている側を上にして火からおろし、皿に盛り、食べやすい大きさに切る。

⑨ お好みでタバスコ、キャンプ用スパイスをかける。

Check!

仕上がり時にピザの上に牛肉などの具材がのるようにしたいので、最初は裏返して入れるのがポイント。

焼く前

マヨと焼肉がくり広げる
絶大なる背徳感と
止まらぬうまさ

あのホットスナックで作る
チキンカツ煮

いつでもカツ煮

ちょっとどんぶりカツ煮をハイボールでキメるだけの動画

【 材料（1回分） 】

コンビニの骨なしフライドチキン……1枚
玉ねぎ……1/2個
水……100mℓ
Ⓐめんつゆ（2倍濃縮）……大さじ2
　水……60mℓ
溶き卵……卵1個分

【 作り方 】

1. 玉ねぎは薄くスライスする。骨なしフライドチキンは食べやすい大きさに切る。

2. ホットサンドメーカーに **1** の玉ねぎと水を入れ、ふたを閉じ、裏返さずに弱火で3分ほど煮る。

3. 玉ねぎが柔らかくなったら、Ⓐを加え、よく混ぜる。

4. **3** に **1** のフライドチキンを入れ、溶き卵をかける。

5. ふたを閉じ、卵が好みの固さになるまで煮る（裏返さないこと！）。

焼く前

ザ・白飯泥棒！
夜中に食べたくなっても
すぐ作れる。
お惣菜のトンカツで
作ってもうまいよ

27

頭の悪いチーズイン・チーズオン・ハンバーグ

チーハン好きを廃人にする
無双ハンバーグ

絶望的に頭が悪いチーズオンチーズインハンバーグを HSM で焼くだけの動画

【材料(1回分)】

成形済みハンバーグ(市販)……2個
ストリングチーズ(さけるタイプ)……2本
溶けるチーズ……2枚

ケチャップ……大さじ2
ウスターソース……大さじ2
サラダ油……適量

【作り方】

1. 成形済みハンバーグを少し平らにし、一方のハンバーグの上にストリングチーズをのせる。

2. 1のハンバーグを重ね、チーズを包むように周囲を閉じる。

3. ホットサンドメーカーにサラダ油を薄く塗り、2を入れる。

4. ふたを閉じ、弱火で5分ほど焼き、裏返して、さらに6分ほど焼く(裏返すときにホットサンドメーカーの隙間から出る肉汁は、捨てずに器などにとっておく)。

5. 皿に盛り、溶けるチーズをのせる。

6. ホットサンドメーカーに残った肉汁に、4の肉汁を戻し入れ、ケチャップとウスターソースを加えて、弱火で1分ほど煮詰める。

7. 6を5の上にかける。

焼く前

28

グレービーソースがうまい！
インやオンのチーズは
お好みで増やしてもOK

頭の悪い欲望全部入り肉巻き

男子の夢を全部詰めたら
こうなった

#HSMを使った☑お好み焼きハンバーグから揚げ卵焼き肉巻きに挑戦してジップするだけの動画

【 材料（1回分）】
せん切りキャベツ（市販）……80g（1/2袋）
豚バラ肉……8〜10枚
チーズ入りハンバーグ（レトルト）……1個
鶏の唐揚げ（市販）……4個
お好み焼き粉……50g
卵……1個
水……大さじ1
ソース、青のり、かつお節……適量
お好みでマヨネーズ……適量

【 作り方 】

❶ ボウルにせん切りキャベツ、お好み焼き粉、卵、水
を入れてよく混ぜる。

❷ ホットサンドメーカーに豚バラ肉を4〜5枚並べ、
その上に **1** を平らに敷き詰める。

❸ **2** の上にチーズ入りハンバーグ、鶏の唐揚げを自由
にのせる。

❹ **3** を覆うように残りの豚バラ肉をのせる。

❺ ふたを閉じ、弱火で6分ほど焼き、裏返して、さら
に4〜5分焼く。

❻ 火からおろし、ソース、青のり、かつお節をかけ、お
好みでマヨネーズを添える。

焼く前

パワー系食材の
おいしい掛け算。
野郎キャンプでワイワイ
作るのも楽しい

ピーマン肉埋め

詰めるの面倒だから
埋めましたが何か？

シーフードなピーマン肉埋めを焼いてハイボールをキメるだけの動画

【材料（1回分）】
シーフードカップ麺……1個
ピーマン……中6個
合い挽き肉……300g
卵……1個
お好みのキャンプ用スパイス……適量
サラダ油……適量
お好みでケチャップ……適量

【作り方】

❶ シーフードカップ麺は麺を砕いておく。

❷ ピーマンは縦半分に切って種を取り除く。

❸ ボウルに合い挽き肉、卵、1、お好みのキャンプ用スパイスを入れてよく混ぜる。

❹ ホットサンドメーカーにサラダ油を薄く塗り、3を平らに敷き詰める。

❺ 2の切り口側を下にして、4の上に並べる。

❻ ふたを閉じ、弱火で5分ほど焼き、裏返して、さらに5分ほど焼く。

❼ ピーマンを上側にして火からおろし、お好みでケチャップをつける。

— ポイント —

カップ麺はシーフード以外でもOK！　お好みのもので作ってみよう。

焼く前

ピーマンと肉の
鉄板コンビにカップ麺の
食感とコクを追加！
ずぼらだけどあと引くうまさ

ガリバタチーズ アメリカンドッグ

高カロリーに
高カロリーを重ねる背徳感

ガーリックバターチーズアメリカンドッグを焼いてストゼロるだけの動画

【 材料 (1回分) 】
アメリカンドッグ(市販)……6本
ガーリックバター(市販)……適量
溶けるチーズ……3枚
(味変用)お好みでケチャップ、マスタード……適量

【 作り方 】

❶ ホットサンドメーカーにアメリカンドッグを互い違いに並べる。

❷ ふたを閉じ、裏返しながら弱火で2分ほど加熱し、アメリカンドッグを温める。

❸ ふたを開け、ガーリックバターを入れる。

❹ ふたを閉じ、ガーリックバターが全体に行き渡るように動かし、弱火で2分ほど、裏返しながら焼き色がつくまで焼く。

❺ 半分に切った溶けるチーズを、1枚ずつ❹の上にのせる。

❻ ふたを閉じてチーズが溶けるまでさらに加熱する。味変用にお好みでケチャップ、マスタードをかけて食べる。

焼く前

PART2 リロ氏といったらコレ！ みんな大好き絶望的に頭の悪いレシピ

半分はガリバタチーズドッグ、
もう半分は普通にケチャップと
マスタードにすれば、
2通りの味を楽しめる

あら、意外と
和食派にもイケるかも

絶望的に頭の悪いホットサンドライス

絶望的に頭が悪いぼったくり居酒屋の肉寿司焼きを割と濃いめハイボールでキメるだけの動画

【 材料（1回分）】

しめじ……50g

ハーフベーコン……6枚

和風しょうゆ系のパスタソース
　……2パック（2人分）

ごはん（市販品、パックごはんなど）……150g

溶けるチーズ……6枚

お好みでタバスコ、粒マスタード、ケチャップ
　……適量

【 作り方 】

❶ しめじは石づきをとってほぐしておく。

❷ ホットサンドメーカーに 1 、ベーコンを入れて炒める。

❸ 2 に和風しょうゆパスタソースを加えてサッと炒め、いったん火からおろす。

❹ 3 のベーコンをなるべく平らに広げる。

❺ 4 にぎゅうぎゅうにごはんを詰める。

❻ ふたを閉じ、弱火で4分ほど焼き、裏返して、さらに3分ほど焼く。

❼ 具がのっている側を上にし、ふたを開き、溶けるチーズをのせる。

❽ 再びふたを閉じ、チーズに焼き色がつくまで、弱火で1分ほど焼く。

❾ 皿に盛り、お好みでタバスコ、粒マスタード、ケチャップをかけて食べる。

焼く前

和風ベーコンきのこパスタ風のごはんを
チーズでプレス

鶏と豚が生み出す進化系
キメラナゲット

チーズチキンナゲット
豚ロール

チーズチキンナゲット豚ロールとじを
ハイボールでキメるだけの動画

【 材料（1回分） 】

チーズチキンナゲット（チルド）……9個
　※普通のチキンナゲットでもOK
豚バラ肉……9枚
片栗粉……適量
バーベキューソース……適量
お好みのキャンプ用スパイス……適量

【 作り方 】

❶ チーズチキンナゲットに豚バラ肉を巻き付ける。

❷ 1に片栗粉をまんべんなくまぶす。

❸ ホットサンドメーカーに2を並べる。

❹ ふたを閉じ、弱火で3分ほど焼き、裏返して、さらに3分ほど焼く。

❺ バーベキューソースや、お好みのキャンプ用スパイスをつけて食べる。

焼く前

ly_rone's
Recipe 3

P.38の
味変レシピ！

チーズチキンナゲット
豚ロールとじ

チーズチキンナゲット豚ロールとじを
ハイボールでキメるだけの動画

【 材料（1回分） 】

チーズチキンナゲット豚ロール
　（P.38参照）……6個
めんつゆ（2倍濃縮）……50㎖
水……50㎖
溶き卵……卵2個分

【 作り方 】

① ホットサンドメーカーにめんつゆと水
　を入れ、煮立たせる。

② 1にチーズチキンナゲット豚ロールを
　入れて軽く煮る。

③ 2に溶き卵を流し入れてふたを閉じ、
　半熟くらいに固まるまで加熱する。

リ口氏といったらコレ！ みんな大好き絶望的に頭の悪いレシピ

焼く前

頭の悪いレシピの
中ボスといえば
あのソーセージ

お手軽
スティックピザ

大きいソーセージをピザとかチーズマシマシに
してハイボールをキメるだけの動画

【 材料（1回分） 】

チーズ入りソーセージ……1本
　※普通のソーセージでもOK
溶けるチーズ……4枚
ピザソース……適量
ピザクラスト……1枚（17cmくらいのもの）
マスタード……適量

【 作り方 】

❶ ホットサンドメーカーにチーズ入り
　ソーセージを入れ、ふたを閉じてゆす
　りながら、焼き色がつくまで焼く。

❷ ソーセージの上に溶けるチーズとピザ
　ソースをのせる。

❸ 2にピザクラストをかぶせる。

❹ ふたを閉じ、弱火で3〜4分焼く。

❺ ソーセージが上になるように、裏返し
　てふたを開き、マスタードをかける。

❻ 手でクルクルと巻く（熱いので火傷に
　注意）。

❼ 6の1/3くらいの部分にキッチンペー
　パーを巻く。

焼く前

あのソーセージがあれば淋し
くなんかないさ！ ぼっちでも
楽しいパーリーメニュー1

ly_rone's Recipe 3

チーズ巻きソーセージ

#ジョンソンヴィルでクリぼっちパーリーを敢行するだけの動画

【 材料（1回分）】

ソーセージ……3本　　　ドッグ用の串……3本
溶けるチーズ……3枚

【 作り方 】

❶ ソーセージにドッグ用の串を刺し、ホットサンドメーカーに横向きに並べる。

❷ ふたを閉じ、軽くゆすりながら、弱火で3分ほど焼き色がつくまで焼き、いったん取り出す。

❸ 空いたホットサンドメーカー（火加減は弱火のまま）に溶けるチーズを置く。

❹ チーズの端にソーセージを置き、串をクルクルと回して、ソーセージにチーズを巻き付ける。

❺ ほかの2本も同様に作る。

リ口氏といったらコレ！ みんな大好き絶望的に頭の悪いレシピ

焼く前

Check!

チーズがフツフツしてくるまで加熱して溶かす。

端からクルクル巻き付ける。巻き残しがある場合は何度かくり返す。

あのソーセージならコミュ障でも
パリピ気分に！
ぼっちでも楽しいパーリーメニュー2

トルティーヤっぽいオサレな何か

#ジョンソンヴィルでクリぼっちパーリーを敢行するだけの動画

【 材料（1回分） 】

チーズ巻きソーセージ   トルティーヤ……1枚
 （P.41参照）……1本   ケチャップまたは
ミニトマト……1個   サルサソース……適量
レタス……1枚
  ※野菜は好みのものでOK

【 作り方 】

1 ミニトマトは半分に切る。レタスは大きいようなら食べやすい大きさにちぎる。

2 P.41の方法でチーズ巻きソーセージを作る。

3 2をホットサンドメーカーの中央に置き、その隣にミニトマトを並べる。

4 3を覆うようにレタスをのせ、その上からトルティーヤをかぶせる。

5 ふたを閉じ、トルティーヤに焼き目がつくまで、裏返しながら弱火で3分ほど焼く。

6 トルティーヤが下になるように置き、ふたを閉じたまま、チーズ巻きソーセージの串を抜く。

7 器に盛り、ケチャップまたはサルサソースなどをかけ、トルティーヤで包むように食べる。

〉焼く前〈

チーズ巻きソーセージの串部分が、HSMのふちにかかるように置くのがポイント。

Check!

HSMのふたで全体を押さえるようにして串を抜き取る。

よい子もお酒好きも楽しめる

おかず＆おつまみ系
レシピ

あんかけ揚げ焼き豆腐

「揚げ焼き」で作るのが秘訣！

和平フレイズ新商品のホットサンドメーカーでネギあんかけ揚げ焼き豆腐をキメるだけの動画

【 材料（1回分） 】

絹厚揚げ……2個（1個あたり約150g）
刻みねぎ……適量
水……150mℓ
1人用鍋の素（しょうゆ系）……1個
水溶き片栗粉……適量
ごま油……適量
お好みで紅しょうが、一味唐辛子……適量

【 作り方 】

1. 絹厚揚げは8等分（1個につき4等分）に切る。

2. ホットサンドメーカーにごま油を多めに入れて火にかけ、油が温まったら、1を並べる。

3. ふたを閉じ、裏返しながら、絹厚揚げに焼き目がつくまで揚げ焼きにする。

4. ホットサンドメーカーの隙間から油を捨て、ふたを開け、絹厚揚げを器に盛る。

5. 空になったホットサンドメーカーに、水、1人用鍋の素、刻みねぎを入れてひと煮立ちさせる。

6. 5に水溶き片栗粉を加え、とろみがつくまで混ぜる。

7. 6を絹厚揚げにかけ、お好みで紅しょうがをのせ、一味唐辛子を振る。

焼く前

厚揚げを使った
HSM版揚げ出し豆腐
ねぎはたっぷりめがおすすめ

PART 3　よっ子もお酒好きも楽〔…〕かず&おつまみ系レシピ

豚キムチあんかけ豆腐

厚揚げとキムチの相性バツグン！

豚キムチ餡掛け豆腐をハイボールでキメるだけの動画

【 材料（1回分）】

絹厚揚げ……2個（1個あたり約150g）
豚ひき肉……150g
まいたけ……100g
白菜キムチ……100g

水溶き片栗粉……適量
めんつゆ（2倍濃縮）……50㎖
ごま油……適量
刻みねぎ……適量

【 作り方 】

❶ 絹厚揚げは8等分（1個につき4等分）に切る。

❷ まいたけはほぐしておく。キムチは大きいようなら切っておく。

❸ ホットサンドメーカーに絹厚揚げを入れ、ふたを閉じ、裏返しながら焼き目がつくまで焼き、器に盛る。

❹ 空いたホットサンドメーカーにごま油を薄く塗り、ひき肉を入れて炒める。

❺ 肉に火が通ったら、2のまいたけを加えて炒める。

❻ まいたけに火が通ったら、2の白菜キムチを加えて、さらに炒める。

❼ 水溶き片栗粉を加え、とろみがつくまで混ぜる。

❽ めんつゆを回しかけて混ぜる。

❾ 3に8をかけ、刻みねぎをのせる。

─ ポイント ─

もっと「あん」らしくしたい場合は、水溶き片栗粉の水の量を増やそう。

焼く前

まいたけとキムチの味わいと
食感がよき！
あんが余ったら
ごはんにかけてもおいしい

ly_rone's Recipe 3

雑な豚バラ春巻き

適当上等！ずぼら上等！

雑な豚バラ春巻を焼いてハイボールをキメるだけの動画

Check!

【 材料（1回分）】

春巻きの皮……6枚
豚バラ肉（薄切り）……10枚
ストリングチーズ（さけるタイプ）
　　……2本

お好みのキャンプ用スパイス
　　……適量
ごま油……適量
ポン酢……適量

【 作り方 】

① 春巻きの皮の中央に豚バラ肉1枚とストリングチーズ1本を置く。

② 1にお好みのキャンプ用スパイスを振ってくるっと巻く。これを全部で2本作る。

③ 春巻きの皮の上に豚バラ肉4枚を並べ、お好みのキャンプ用スパイスを振る。

④ 3の上に春巻きの皮をかぶせてたたむ。これを全部で2本作る。

⑤ ホットサンドメーカーにごま油を引き、2と4を並べる。

⑥ ふたを閉じ、弱火で2～3分焼き、裏返して、さらに2～3分焼く。

⑦ 火を止めて、キッチンペーパーで余分な油をとる。

⑧ 食べやすい大きさに切って器に盛り、ポン酢を添える。

ーーー ポイント ーーー

春巻きの皮の巻き終わり部分は、水溶き片栗粉（分量外）を塗るとしっかり留まる。

焼く前

雑だけど簡単でおいしいから
子どもと一緒にいろんな
巻き方で作っても楽しい

ある意味ひと口サイズ
のしょうが焼き

新生姜の
豚バラロール

岩下の新生姜 豚バラロールを焼いて
ハイボールをキメるだけの動画

【 材料（1回分）】

新生姜の酢漬け……7~8本
豚バラ肉（薄切り）……7~8枚
お好みのキャンプ用スパイス……適量

【 作り方 】

1. 新生姜の酢漬けに豚バラ肉を巻き付け、
   ホットサンドメーカーに並べる。

2. ふたを閉じ、弱火で3分ほど焼き、裏返し
   して、さらに2分ほど焼く。

3. ふたを開け、お好みのキャンプ用スパ
   イスを振る。

4. 再びふたを閉じ、弱火で1分ほど裏返し
   ながら焼く。

焼く前

ヘルシー スプリングロール

Wataame's Recipe

\# 春の七草スプリングロールをして
デビルズハイをキメるだけの動画

【 材料（1回分）】

たけのこ水煮(細切り)
……100g

豚ひき肉……100g

青椒肉絲の素
チンジャオロース
……1袋(2人前)

春巻きの皮……5枚

片栗粉……大さじ1

サラダ油……適量

お好みでポン酢、
ラー油……適量

【 作り方 】

1. たけのこの水煮は水気を切っておく。

2. ボウルに1、豚ひき肉、青椒肉絲の素、片栗粉を入れてよく混ぜ、5等分にする。

3. 春巻きの皮の中央に、2を斜めにのせて包む。これを全部で5本作る。

4. ホットサンドメーカーにサラダ油を薄く塗り、3を並べる。

5. ふたを閉じ、弱火で3分ほど焼き、裏返して、さらに3分ほど焼く。

6. 皿に盛り、お好みでポン酢、ラー油をつけて食べる。

焼く前

Check!

具を斜めにのせて包む。
巻き終わりは水溶き片栗粉（分量外）を塗って留める。

51

必要最低限の材料で作る
ミニすき焼き

牛ねぎ巻きすき焼き

牛ネギ巻きスキヤキをハイボール少し濃いめでキメるだけの動画

【 材料 (1回分) 】

長ねぎ……2本
牛肉 (すき焼き用)……15〜16枚
すき焼きのタレ……適量
ごま油……適量
溶き卵……卵1個分

【 作り方 】

① 長ねぎは4cmくらいの長さに切る。

② 1を1個ずつ牛肉で巻く。

③ ホットサンドメーカーにごま油を薄く塗り、2を並べる。

④ ふたを閉じ、弱火で3分ほど焼き、裏返して、さらに3分ほど焼く。

⑤ ふたを開け、すき焼きのタレを回しかけ、4にからめながらひと煮立ちさせる。

⑥ 5を溶き卵につけて食べる。

焼く前

PART3

よい子もお酒好きも楽しめる おかず＆おつまみ系レシピ

長ねぎに染みたタレと肉汁がうまい！
1年中手に入る材料だから
いつでも手軽に作れる

ly_rone's
Recipe 3

\ 「すき焼きは肉と 豆腐」派はコチラ！ /

牛すき厚揚げロール

牛すき焼き厚揚げロールをハイボールで
キメるだけの動画

【 材料（1回分） 】
厚揚げ……1個
牛肉（すき焼き用）……6枚（150g）
すき焼きのタレ……適量
ごま油……適量
溶き卵……卵1個分

【 作り方 】

① 厚揚げはお好みの大きさに切る。

② 1を1個ずつ牛肉で巻く。

③ ホットサンドメーカーにごま油を薄く
塗り、2を並べる。

④ ふたを閉じ、弱火で4分ほど焼き、裏返
して、さらに3分ほど焼く。

⑤ ふたを開け、すき焼きのタレを回しか
け、4にからめながらひと煮立ちさせる。

⑥ 火からおろし、溶き卵をかける。

焼く前

体にも美容にもいい春菊を
たっぷり食らうわよ！

ly_rone's
Recipe 3

バラバラすき焼き

セパレート式すき焼きをしてハイボールを
キメるだけの動画

【 材料（1回分）】
春菊……100g
牛肉（すき焼き用）……6枚（150g）
すき焼きのタレ……適量
サラダ油……適量
溶き卵……卵1個分

【 作り方 】

① 春菊は食べやすい長さに切る。

② ホットサンドメーカーに 1 とすき焼き
のタレを入れ、弱火で2分ほど煮て、器
に盛る。

③ 小鉢などにすき焼きのタレを入れ、牛
肉を漬ける。

④ 空いたホットサンドメーカーをキッチ
ンペーパーなどで拭き、サラダ油を薄
く塗って、3 の牛肉を1枚ずつ焼く。

⑤ 焼けた肉に 2 を適量のせて巻き、溶き
卵につけて食べる。

焼く前

本気を出したハヤシが
下剋上を起こす日が来るかも！

焼きハヤシグラタン

焼きハヤシグラタンを作ってハイボールをキメるだけの動画

【 材料（1回分） 】

鶏むね肉（カット済み）……250g
水……100mℓ
早ゆでマカロニ……30g
ハヤシ（レトルト）……1袋
溶けるチーズ……4枚
バター……10g

【 作り方 】

1 ホットサンドメーカーにバターを入れて弱火にかけ、鶏むね肉を炒める。

2 肉に火が通ったら、水と早ゆでマカロニを加えて軽く混ぜる。

3 ふたを閉じ、裏返さずに、そのまま弱火で3分ほどゆでる（水分がほぼなくなるくらいが目安）。

4 3にハヤシを入れ、よく混ぜる。

5 4に溶けるチーズをのせる。

6 ふたを閉じ、弱火で2分ほど焼き、裏返して、さらに2分ほど焼く。

7 チーズがのっているほうを上にして火からおろす。

焼く前

ごはんだけじゃないハヤシの
ポテンシャル！
マカロニとハヤシソースが
絡んでデミグラスグラタン風に

簡単ワンタンオムレツ

町中華にありそうで
なさそうな

\# 簡単ワンタンオムレツを焼いてハイボールをキメるだけの動画

【 材料（1回分） 】

ワンタン（チルド）……1袋
水……50mℓ
溶き卵……卵3個分

【 作り方 】

① ホットサンドメーカーにワンタンと付属のスープ、水を入れて軽く混ぜる。

② ふたを開けたまま中火で3分ほど、ワンタンが柔らかくなるまで煮る。

③ 火を止め、スプーンなどでワンタンを崩す。

④ 3に溶き卵の半量を入れ、軽く混ぜる。

⑤ ふたを閉じ、卵の周りが固まる程度まで焼く。

⑥ 5に残りの溶き卵を回しかけ、ふたを閉じ、裏返す。

⑦ 弱火で1分ほど焼き、火からおろす。

― ポイント ―

付属のスープは、味をみ
ながらお好みで増減を。

焼く前

58

中華風ミートオムレツ！
卵と相性のよい長ねぎは
多めに入れてもおいしいかも

スパニッシュオムレツ

本当は半熟にしたかったけど結果オーライ！

半熟にしたかったスパニッシュオムレツを HSM で焼いてハイボールをキメるだけの動画

【 材料（1回分） 】

玉ねぎ……1/4個
じゃがいも……1個
ハーフベーコン……1パック（4枚）
スモークオイルサーディン
　　（普通のオイルサーディンでもOK）……2本

スモークオイルサーディンのオイル
　　（普通のオイルサーディンでもOK）……適量
スパニッシオムレツシーズニング（市販）……1袋
溶き卵……卵4個分
ケチャップ……適量

【 作り方 】

1 玉ねぎとじゃがいもは薄切りにする。

2 ハーフベーコンは短冊に切る。

3 ホットサンドメーカーにスモークオイルサーディンのオイルと 1 を入れ、炒める。

4 2 とスモークオイルサーディンを入れ、オイルサーディンを崩しながら炒める。

5 スパニッシュオムレツシーズニングを入れてよく混ぜる。

6 溶き卵を半量流し入れ、ふたを閉じ、弱火で2分ほど焼く。

7 ふたを開け、空気の入った部分を箸などで潰し、残りの溶き卵を入れる。

8 ふたを閉じ、弱火で2分ほど焼き、裏返して、さらに1分ほど焼く。

9 火からおろし、ケチャップをかける。

焼く前

オイルサーディンのコクと
うま味がいい仕事をしてる
お酒がすすむオトナのオムレツ

HSMだとホイル焼きも
簡単！

HSM でホイル焼き 2 種

ガーリックバターえりんぎベィケンアスパラとバターチーズベィケンポテトのホイル焼きをハイボールでキメるだけの動画

チーズベーコン ポテトのホイル焼き

【 材料（1回分） 】

ハッシュドポテト（市販）
　……2個
ハーフベーコン
　……1パック（4枚）
バター……10g

溶けるチーズ……3枚
お好みのキャンプ用
　スパイス……適量
お好みでタバスコ
　……適量

【 作り方 】

1. ベーコンは半分に切る。

2. 長めにアルミホイルを敷き、ハッシュドポテト、1、バター、溶けるチーズの順にのせる。

3. 2 にお好みのキャンプ用スパイスを振り、アルミホイルで包む。

4. ホットサンドメーカーに 3 を入れてふたを閉じ、弱火で3分ほど加熱する（裏返さないこと！）。

5. ホットサンドメーカーから取り出し（火傷に注意！）、お好みでタバスコをかけて食べる。

野菜のガーリック バターホイル焼き

【 材料（1回分） 】

エリンギ……3本
グリーンアスパラガス……4～5本
ハーフベーコン……2パック（8枚）
バターしょうゆパスタソース（市販）……適量

【 作り方 】

1. エリンギは縦4等分に切る。グリーンアスパラガスは3等分にする。

2. 長めにアルミホイルを敷き、中央にエリンギ、グリーンアスパラガス、ベーコンを適当に重ねる。

3. 2 にバターしょうゆパスタソースをかけ、アルミホイルで包む。

4. ホットサンドメーカーに 3 を入れてふたを閉じ、弱火で5分ほど加熱する（裏返さないこと！）、

5. 野菜に火が通ったら、ホットサンドメーカーから取り出す（火傷に注意！）。

HSMは小さなオーブンだから
ベイケンポテトもホクホクに焼ける

焼く前

蒸し焼きが得意なHSMだから
野菜のおいしさも逃さず作れる

ガーリックサーモン炙りステーキ

アスタキサンチン大量摂取！

ガーリックサーモン炙りステーキを焼いてポン酒をキメるだけの動画

【材料（1回分）】

サーモン切り身(大)……1枚(200g)
バター……10g
溶けるチーズ……2～3枚
ガーリックシュリンプシーズニング
　……適量
お好みでしょうゆ……適量

【作り方】

1. ホットサンドメーカーにバターを1/2量入れ、火にかけて溶かす。

2. サーモンを入れてふたを閉じ、弱火で5～6分焼き、裏返して、さらに4～5分焼く。

3. ふたを開け、残りのバターと溶けるチーズを入れてふたを閉じ、チーズに焼き色がつくまで焼く。

4. チーズ面が下になるようにしてふたを開き、【ポイント】のテクニックで取り出す。

5. 皿に盛り、ガーリックシュリンプシーズニングを振り、お好みでしょうゆをかける。

── ポイント ──

崩れやすいものを取り出すテクニック

①皿に盛ったときに上にしたい側を下にして、ホットサンドメーカーを開く。

②フライ返しを裏返して挟み、ふたを閉じる。

③そのままホットサンドメーカーを裏返す。

④ふたを開けば、フライ返しの上の食材がのっているので、そのまま取り出せばOK！

焼く前

外はパリパリ中はふっくら
ガーリックの香りとうま味で
トべる

ラザニア
スナック的な？

シュウマイの皮でラザニア

シュウマイの皮でラザニアをパリパリに焼いてハイボールをキメるだけの動画

【 材料（1回分）】

シュウマイ・ワンタンの皮……30枚
デミグラスソース（小分けパック・市販）……1袋（70g）
ホワイトソース（小分けパック・市販）……1袋（70g）
オリーブオイル……適量
お好みでタバスコ、ブラックペッパー……適量

【 作り方 】

1 ホットサンドメーカーにオリーブオイルを引き、隣同士がやや重なるようにシュウマイの皮を6枚並べる。

2 1にデミグラスソースを適量塗る。

3 2の上に、1と同じようにシュウマイの皮を敷き詰める。

4 3にホワイトソースを適量塗る。

5 1～4をもう1回繰り返し、最後に1と同じように残りのシュウマイの皮を敷き詰め、全部で9層にする。

6 5にオリーブオイルをかけ、全体にまんべんなく広げる。

7 ホットサンドメーカーを閉じ、弱火で5分ほど焼き、裏返して、さらに3分ほど焼く。

8 皿に盛って食べやすい大きさに切り、お好みでタバスコやブラックペッパーをかける。

焼く前

サクッと作れるお手軽さ
パリパリとトロトロ2種類の
食感を楽しもう

ピリ辛ネギあんかけギョーザ

余った鍋の素に
使命を与える！

ピリ辛ネギあんかけギョーザをハイボールでキメるだけの動画

【 材料(1回分) 】

餃子(冷凍)……1袋(12個)　　　　とろみ粉(市販)……適量
長ねぎ……1/2本　　　　　　　　ごま油……適量
水……100㎖　　　　　　　　　　お好みでラー油……適量
1人分用鍋の素(しょうゆ系)……1個
唐辛子(輪切り)……適量

【 作り方 】

❶ 長ねぎは斜めの小口切りにする。

❷ ホットサンドメーカーに薄くごま油を塗り、餃子を並べる。

❸ ふたを開けたまま、弱火で5分ほど焼き、水分を飛ばす（羽ができる！）。

❹ 水分が飛んだらふたを閉じ、裏返して弱火で1～2分焼く。

❺ 羽があるほうを上側にして取り出し、皿に盛る。

❻ 空いたホットサンドメーカーにやや多めにごま油を引き、1を入れて炒める。

❼ しんなりしてきたら、水、1人分用鍋の素、唐辛子、とろみ粉を入れてよく混ぜる。

❽ とろみがついたら、5にかける。

❾ お好みでラー油をかけて食べる。

焼く前

ピリ辛ねぎあんと餃子の
おいしい暴力
白飯もビールもエンドレス

サクサクAMSRで
昇天

基本のクリスピーピザ

餃子生地でクリスピーピザを焼くだけの動画

【 材料 (1回分) 】

餃子の皮……8枚
ピザソース……適量
溶けるチーズ……7枚
サラミ……12枚
お好みのキャンプ用スパイス……適量
オリーブオイル……適量
お好みでタバスコ……適量

【 作り方 】

1 ホットサンドメーカーにオリーブオイルを引き、餃子の皮を少し重なるように並べる。

2 1にピザソースをたっぷり塗り、溶けるチーズ4枚、サラミの順にのせる。

3 さらに溶けるチーズを3枚のせ、お好みのキャンプ用スパイスを振る。

4 ふたを閉じ、弱火で4分ほど焼き、裏返して、さらに3分ほど焼く。

5 具材ののったほうを上にして火からおろし、皿に盛る。

6 お好みでタバスコを振る。

焼く前

アレンジ次第でメニュー無限大
餃子の皮ピザの基本の「き」

チビッコも喜ぶ
コーン天国

コーンクリームチーズピザ

コーンクリームチーズマシマシクリスピー餃子
ピザをストゼロでキメるだけの動画

【 材料（1回分）】
餃子の皮……8枚
溶けるチーズ……5〜7枚
粒コーン（水煮）……適量
粉末コーンクリームスープ（カップスープ用）
　　……1袋
オリーブオイル……適量

【 作り方 】

1 ホットサンドメーカーにオリーブオイ
　ルを引き、餃子の皮を少し重なるよう
　に並べる。

2 溶けるチーズ3〜4枚と粒コーンをの
　せ、全体に粉末コーンクリームスープ
　をかける。

3 さらに溶けるチーズを2〜3枚のせる。

4 ふたを閉じ、弱火で4分ほど焼き、裏返
　して、さらに3分ほど焼く。

5 具材ののったほうを上にして火からお
　ろし、皿に盛る。

焼く前

ly_rone's
Recipe 3

ただでさえヤバいえだ豆を
さらに上物に

超簡単
ベイクドえだ豆

ベイクドえだ豆をハイボールでキメるだけの動画

【 材料(1回分) 】

えだ豆(生)……250g
塩……適量

【 作り方 】

① ホットサンドメーカーにえだ豆を入れ
てふたを閉じ、弱火で5分ほど焼き、裏
返して、さらに4分ほど焼く。

② ふたを開け、塩を振り、再びふたを閉
じてホットサンドメーカーを軽く振る。

── ポイント ──

枝付きのえだ豆(生)で
作るとよりおいしい!

焼く前

もう戻れない
常習性の高さ

フライド長いも

\# 撮ってた動画データが消失したけどなんかこのまま終わらせるのが虫さんトコトコするので途中からだけど続行して割と濃いめジムをキメるだけの動画

【 材料（1回分） 】

長いも……300g
唐揚げ粉……適量
サラダ油……適量

【 作り方 】

1. 長いもはよく洗って泥やゴミを落とし、皮がついたまま5mm〜1cm厚に切る。

2. 1に唐揚げ粉をまんべんなくまぶす。

3. ホットサンドメーカーに、多めのサラダ油を入れて温める。

4. 2を入れて、カリッとするまで揚げ焼きにする（揚げ時間の目安は2〜3分）。

5. キッチンペーパーを敷いた皿などに上げ、油を切る。

─── ポイント ───

長いもは波型ナイフで切るとそれっぽくなるよ。

焼く前

唐揚げ粉を練り込む
→手が汚れない！

ハッピーナゲット

\# 比較的ヘルシーなハッピーパウダーナゲットを
揚げてメーカーズハイをキメるだけの動画

【 材料（1回分） 】

鶏ひき肉……300g
唐揚げ粉……大さじ1
お好みのキャンプ用スパイス……小さじ1
サラダ油……適量
ケチャップ……適量

【 作り方 】

1 ボウルに鶏ひき肉、唐揚げ粉、お好みのキャンプ用スパイスを入れ、スプーンなどでよく混ぜる。

2 ホットサンドメーカーに多めのサラダ油を入れて温める。

3 **1**をスプーンで食べやすい大きさにすくい、**2**に入れ、揚げ焼きにする（揚げ時間の目安は3分程度）。

4 キッチンペーパーを敷いた皿などに上げ、油を切る。

5 皿に盛り、ケチャップを添える。

焼く前

よい子もお酒好きも楽しめる　おかず＆おつまみ系レシピ

チーズササミフライ

ヘルシーな食材を
闇落ちさせる

チーズササミチーズフライを焼いてジムビームハイをキメるだけの動画

【 材料(1回分) 】

鶏ささみ……4枚
お好みのキャンプ用スパイス……適量
溶けるチーズ……2枚

パン粉……60g
オリーブオイル……大さじ2
中濃ソース……適量

【 作り方 】

1. 鶏のささみは筋を取り、観音開きにする。

2. 1にお好みのキャンプ用スパイスを振る。

3. ボウルにパン粉とオリーブオイルを入れてよく混ぜる。

4. ホットサンドメーカーに3の半量を敷き、2を2枚並べる。

5. 溶けるチーズを2つ折りにし、4の上にそれぞれのせる。

6. 5の上に、残りのささみをそれぞれのせ、残りの3をかける（スプーンの背でちょっと押し付けてなじませる）。

7. ふたを閉じ、弱火で5分ほど焼き、裏返して、さらに4分ほど焼く。

8. 火を止めて、キッチンペーパーで余分な油をとる（P.18参照）。

9. 皿に盛って食べやすい大きさに切り、中濃ソースをかける。

追いチーズでパワーアップ

1. ホットサンドメーカーにチーズササミフライを置き、溶けるチーズ（分量外）を1枚のせる。
2. ふたを閉じ、チーズがこんがりするまで、裏返しながら1〜2分ほど焼く。

焼く前

みんな大好きチーズフライ
チーズマシマシで
さらに罪深いうまさに

明太チーズベーコンポテトパイ

ly_rone's
Recipe

#侍ジャパン優勝でめでたいので博多めんたいチーズ実質ベィケンポテトパイをまぁまぁ濃いめハイボールでキメるだけの動画

【 材料（1回分）】

餃子の皮のクリスピーパイ
　（下記参照）……お好みの量
ゆでじゃがいも（市販）……230g
辛子明太子……1腹
切り落としベーコン……120g
牛乳……50mℓ
マヨネーズ……大さじ2
溶けるチーズ……1枚
お好みでタバスコ……適量

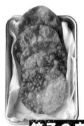

【 作り方 】

① 下記を参照し、餃子の皮のクリスピーパイを作っておく。

② ゆでじゃがいもは袋の上から揉んで、マッシュ状にする。

③ 辛子明太子は適当な大きさに切っておく。

④ ホットサンドメーカーに切り落としベーコンを入れて弱火で炒める。

⑤ 2を加えて混ぜ、さらに、牛乳を加えてよく混ぜる。

⑥ 3とマヨネーズを加えてよく混ぜる。

⑦ 溶けるチーズを加えてふたを閉じ、弱火でチーズが溶けるまで加熱し、火からおろす。

⑧ 7を1にのせて食べる。お好みでタバスコを振る。

餃子の皮のクリスピーパイの作り方

【 材料（1回分）】

餃子の皮……好きな枚数
サラダ油……適量

— ポイント —

ガーリックオイルで
揚げてもおいしい。

【 作り方 】

① ホットサンドメーカーに、多めのサラダ油を入れて温める。

② 餃子の皮を入れ、ぷつぷつ膨らんで狐色になるまで揚げ焼きにする（1枚ずつ調理すること！）。

③ キッチンペーパーを敷いた皿などに上げて油を切る。

サクサクパイにコクウマな
めんたいベーコンポテトを
好きなだけのせて

セパレート式ラザニア

イタリア人にビンタされるかも
((((;゜Д゜))))

セパレート式ラザニアをしてハイボールをキメるだけの動画

【 材料 (1回分) 】

ラザニア(横半分に切る)……お好みの量
玉ねぎ……1/4個
マッシュルーム……1パック
豚ひき肉……150g
水……100mℓ

ミートソースの素(粉末タイプ)……1袋(35g)
ピザ用チーズ……60g
オリーブオイル……適量
お好みでタバスコ……適量

【 作り方 】

① P.78の「餃子の皮のクリスピーパイ」の作り方と同じ方法で、ラザニアのクリスピーパイを作る。

② 玉ねぎは薄切りにする。マッシュルームは4つに切る。

③ ホットサンドメーカーにオリーブオイルを薄く塗り、弱火で豚ひき肉を炒める。

④ 肉の色が変わったら、2を加えてさらに炒める。

⑤ 水とミートソースの素を加えてよく混ぜ、ふたをして弱火で3分ほど煮る。

⑥ ふたを開け、ピザ用チーズを加えてよく混ぜ、火からおろす。

⑦ 1で6をすくいながら食べる。お好みでタバスコをかける。

焼く前

ビンタされてもやめられない！
ミートソースで楽しむ
パリポリ食べるラザニア

81

ly_rone's Recipe 3

今度は上段蹴りを食らうかも

セパレート式クリスピーピザ

\# セパレート式クリスピーピザを焼いてハイボールをキメるだけの動画

【 材料（1回分）】

餃子の皮のクリスピーパイ（P.78参照）……お好みの量
玉ねぎ……1/4個
豚ひき肉……150g
お好みのキャンプ用スパイス……適量

ピザソース……大さじ3
オリーブオイル……適量
お好みでタバスコ……適量
溶けるチーズ……4枚
バジルの葉……4枚

【 作り方 】

1 P.78を参照し、餃子の皮のクリスピーパイを作っておく。

2 玉ねぎは薄切りにする。

3 ホットサンドメーカーに薄くオリーブオイルを塗り、豚ひき肉を入れ、お好みのキャンプ用スパイスを振って、弱火で炒める。

4 肉の色が変わったら、2を加えて軽く混ぜる。

5 ふたをして、弱火で2〜3分ほど、軽くゆすりながら加熱する。

6 ふたを開け、ピザソースを入れてさっと炒め、お好みでタバスコを加えてさらに炒める。

7 溶けるチーズをのせ、ふたをして、弱火でチーズが溶けるまで加熱する。

8 火からおろし、バジルの葉をのせる。

9 1に8をのせて食べる。お好みでタバスコをかける。

焼く前

みんなで
ワイワイ食べても楽しい
好きな具材で作ってみよう

ly_rone's
Recipe 3

包まない
ズボラな揚げ餃子

セパレート式餃子

セパレート式揚げギョウザを作って
ハイボールをキメるだけの動画

【 材料（1回分）】

餃子の皮のクリスピーパイ（P.78参照）
　……お好みの量
にら……1/2把
豚ひき肉……150g
せん切りキャベツ（市販）……80g（1/2袋）
お好みのキャンプ用スパイス……適量

ジンギスカンのタレ……大さじ2
水……100mℓ
とろみ粉（市販）……適量
ごま油……適量
お好みでラー油……適量

【 作り方 】

❶ P.78を参照し、餃子の皮のクリス
ピーパイを作っておく。

❷ にらは細かく刻んでおく。

❸ ホットサンドメーカーに薄くごま油
を塗り、豚ひき肉を入れ、お好みの
キャンプ用スパイスを振って、弱火
で炒める。

❹ 肉の色が変わったら、せん切りキャ
ベツと2を加えて炒める。

❺ ジンギスカンのタレ、水を加えて軽
く混ぜ、ふたをして、弱火で2分ほ
ど、軽くゆすりながら加熱する。

❻ ふたを開け、とろみ粉を加え、とろ
みが出るまで混ぜ、火からおろす。

❼ 1に6をのせて食べる。お好みでラー
油をかける。

味変！

残った具にピザ用チーズを加えて加熱すれ
ばチーズ餃子風に！　お好みでタバスコを
かけてもおいしい。

焼く前

カロリー・糖質マシマシ

炭水化物レシピ

簡単オムライス

HSMでオムライスを
攻略してみた

かんたんオムライスを HSM で作ってハイボールをキメるだけの動画

【 材料 (1回分) 】
冷凍チキンライス(市販)……1袋(450g)
卵……2個
サラダ油……適量
ケチャップ……適量

【 作り方 】

① 卵はボウルなどに割りほぐしておく。

② ホットサンドメーカーにサラダ油を薄く塗り、冷凍チキンライスを平らに入れる。

③ ふたを閉じ、ときどきゆすって、弱火で4分ほど裏返しながら加熱する。

④ ホットサンドメーカーを縦に数回振って、3を四角（または三角）にまとめ、皿に取り出す。

⑤ 空いたホットサンドメーカーにサラダ油を引いて、1を流し入れ、軽く混ぜる。

⑥ 5の周りが固まってきたら、中央に4をのせる。

⑦ ふたを閉じて裏返し、軽く温めてなじませる。

⑧ 火からおろし、ケチャップをかける。

Check!

ホットサンドメーカーを閉じたまま縦にして数回振ると（乱暴に振らずリズムよく！）、チキンライスをきれいにまとめることができる。

焼く前

ごはんをまとめるのも卵で包むのも
全部HSMがやってくれる！
失敗知らずのおいしいオムライス

親子丼

HSMで作らなそうなもの
作ってみた

親子関係はないチーズおこげ親子丼を作ってハイボールをキメるだけの動画

【 材料 (1回分) 】

ごはん(市販品、パックごはんなど)……300g
玉ねぎ……1/2個
卵……1個
鶏むね肉(カット済み)……150g

水……50㎖
めんつゆ(2倍濃縮)……50㎖
サラダ油……適量
刻みねぎ……適量

【 作り方 】

1 玉ねぎは薄切りにする。卵はボウルなどに割りほぐしておく。

2 ホットサンドメーカーに薄くサラダ油を塗り、ごはんを入れる。

3 ふたを閉じ、ごはんに焼き色がつくまで、弱火で4 ～ 5分ほど裏返しながら焼き、器に盛る。

4 空いたホットサンドメーカーにサラダ油を薄く塗り、玉ねぎと鶏むね肉を入れて炒める。

5 鶏肉の色が変わったら、水、めんつゆを入れて軽く混ぜる。

6 ふたを閉じ、そのまま弱火で3 ～ 4分ほど煮る。

7 ふたを開け、卵を流し入れ、再びふたをして、好みの固さになるまで加熱する。

8 3に7をのせ、刻みねぎをのせる。

焼く前

88

なんとHSMは
親子丼鍋的にも使える！
キャンプでも
ふわとろ親子丼が味わえる

焼きおにぎり
覚醒

豚バラ肉焼きおにぎり

豚バラ肉焼きオニギリをハイボールで
キメるだけの動画

【 材料（1回分） 】

冷凍焼きおにぎり（市販）……4個
豚バラ肉（薄切り）……8枚
お好みのキャンプ用スパイス……適量
海苔……適量

【 作り方 】

1 焼きおにぎりに豚バラ肉を巻く。

2 ホットサンドメーカーに 1 を並べ、お好みのキャンプ用スパイスを振る。

3 ふたを閉じ、弱火で8分ほど焼き、裏返して、さらに7分ほど焼く。

4 火からおろし、海苔を巻く。

焼く前

ly_rone's Recipe 3

焼きめしをさらに焼いたら
悪魔的に進化した

チーズon焼きめし 肉巻きおにぎり

#チーズonラーメン屋さんの焼きめし肉巻
オニギリを焼いて割と濃いめジムに通うだけの動画

【 材料（1回分） 】

チャーハンおにぎり（市販）……4個
豚バラ肉（薄切り）……8枚
お好みのキャンプ用スパイス……適量
溶けるチーズ……4枚

【 作り方 】

1 チャーハンおにぎりに豚バラ肉を巻く。

2 ホットサンドメーカーに 1 を並べ、お好みのキャンプ用スパイスを振る。

3 ふたを閉じ、弱火で4分ほど焼き、裏返して、さらに4分ほど焼く。

4 ふたを開け、溶けるチーズをのせる。

5 再びふたを閉じて裏返し、チーズにこんがり焼き色がつくまで焼く。

焼く前

―― ポイント ――

チーズをのせて裏返したあと、一度ふたを開けて、溶けたチーズをおにぎりの周りに集めると、焼き上がりがきれいにまとまるよ。

91

すき焼きのタレが染み込んだ
おこげごはんがうまい

頭の悪い
おにぎらず

ねぎ肉おにぎらず

#【2分飯テロ】焦がしネギ肉おにぎらず（すき焼き味）をハイボールでキメるだけの動画

【 材料（1回分）】

牛肉(すき焼き用)……200g
ごはん……150g
すき焼きのタレ……大さじ3
サラダ油……適量

刻みねぎ……適量（たっぷりめ）
卵黄……1個
味変用にお好みのキャンプ用
　　スパイス……適量

【 作り方 】

① ホットサンドメーカーにサラダ油を薄く塗り、牛肉を焼く。このとき、味変用に2～3枚とっておく

② 肉の色が変わったら、すき焼きのタレとごはんを入れ、よく混ぜる。

③ ふたを閉じ、②をゆすってまとめる

④ 弱火で4分ほど焼き、裏返して、さらに4分ほど焼く。

⑤ 皿に盛り、刻みねぎと卵黄をのせる。

Check!

HSM全体を優しくぐるぐる横へ回すようにゆすって、ごはんと肉をまとめる（だいたいまとまればOK）。

焼く前

味変！

①とっておいた牛肉に、お好みのキャンプ用スパイスを振って、ホットサンドメーカーで焼く。
②ねぎ肉おにぎらずをくるんで食べる。

みんな大好き最強コンボが生み出す
豚キムチパエリア（的なもの）

キムチスープで
ごはんを炊く！

豚キムピラフ温玉のせ

脂質と糖質の権化！豚キムチピラフ温玉を作って割と濃いめハイボールをキメるだけの動画

【 材料（1回分）】

無洗米……150g　　　　　　　白菜キムチ……50g
豚バラ肉（薄切り）……100g　　サラダ油……大さじ2
1人分用鍋の素（キムチ系）……1個　　温泉卵（市販）……1個
水……200㎖

【 作り方 】

1 ボウルに1人分用鍋の素と水を入れ、よく混ぜ合わ
せておく。

2 ホットサンドメーカーにサラダ油と米を入れ、弱火
で炒める。

3 豚バラ肉を加え、さらに炒める。

4 肉の色が変わったら、1 を数回に分けて入れ、弱火
でよく混ぜながら、米が好みの固さになるまで煮る
（目安15分）。

5 スープが無くなってもまだ米が固いようなら、お湯
（分量外）を少しずつ加えながら、お好みの固さにな
るまでさらに煮ていく。

6 ふたを閉じ、火からおろして、10分ほど置いて蒸らす。

7 ふたを開け、白菜キムチを加えてよく混ぜる。

8 火からおろし、温泉卵をのせる。

焼く前

食べ応えがあるのに、意外とさっぱり
"アサシン"なおこげの食感もよき!

アサシンピラフ

いま人気の焦がしパスタを
日本人なので米で作ってみる

生米から作る暗殺風パラパラ炒飯をハイボールでキメるだけの動画

【材料（1回分）】

無洗米……150g
ソーセージ……4本
万能中華調味料……大さじ1
水……220㎖

溶き卵……卵1個分
カット野菜（レタスサラダ系）……1/2袋（30g）
サラダ油……大さじ1

【作り方】

1. ボウルに万能中華調味料と水を入れ、よく混ぜ合わせておく。

2. ソーセージは輪切りにしておく。

3. ホットサンドメーカーにサラダ油と米を入れ、弱火で炒める。

4. 1を数回に分けて入れ、弱火でよく混ぜながら、米が好みの固さになるまで煮る（目安15分）。

5. スープが無くなってもまだ米が固いようなら、お湯（分量外）を少しずつ加えながら、お好みの固さになるまでさらに煮ていく。

6. ふたを閉じ、火からおろして、10分ほど置いて蒸らす。

7. ふたを開けて再び弱火にかけ、ごはんの中央に穴を開けて、溶き卵を流し込み、全体をよく混ぜる。

8. 卵に火が通ったら、2とサラダ用カット野菜を入れてよく混ぜ、火からおろす。

― ポイント ―

具は好きなものでOK！
いろいろ試してみよう。

焼く前

HSMならオムそばも包む失敗なし
固焼きでもフワトロでも
好みの"オム"で作れる

もう包む系はHSMで
作るといいと思うよ

オムそば

ペヤングやきそばオムそば風をオムそばにしてハイボールをキメるだけの動画

【 材料（1回分） 】

卵……2個

焼きそば麺……1玉

豚小間切れ肉……50g

せん切りキャベツ（市販）……50g

水……大さじ1

中濃ソース……大さじ3

サラダ油……適量

マヨネーズ、青のり、かつお節、
　紅しょうがなど……適量

【 作り方 】

① 卵はボウルなどに割りほぐしておく。

② ホットサンドメーカーにサラダ油を引き、豚小間切れ肉を炒める。

③ 肉の色が変わったら、せん切りキャベツを加えて炒める。

④ 焼きそば麺と水を入れ、麺をほぐしながら炒める。

⑤ 中濃ソースを入れて炒め合わせ、いったん皿などに出す。

⑥ ホットサンドメーカーをキッチンペーパーなどで拭き、サラダ油を引いて火にかけ、1 を流し入れる。

⑦ 周りが固まってきたら、5 をのせる。

⑧ 7 の上に皿をかぶせてホットサンドメーカーのふたを軽く閉じるように挟み、裏返して、皿に盛り付ける。

⑨ マヨネーズ、青のり、かつお節、紅しょうがなどをかける。

焼く前

パリパリ焦がし
上等！

焦がし海鮮ブタ塩ヤキソバ

海鮮ブタ塩ヤキソバ焦がしをハイボールでキメるだけの動画

【 材料（1回分）】

焼きそば麺（蒸し）……1袋　　　　おろしにんにく（チューブ）……適量
イカげそ（生）……50g　　　　　　塩焼きそば用ソース……適量
長ねぎ（みじん切り）……適量　　　卵……1個
豚小間切れ肉……100g　　　　　　オリーブオイル……適量
おろししょうが（チューブ）……適量　かいわれ大根……適量

【 作り方 】

1 かいわれ大根は根元を切る。

2 ホットサンドメーカーにオリーブオイル、長ねぎ、
おろししょうが、おろしにんにく、イカげそを入れ、
弱火で炒める。

3 イカげそに火が通ってきたら、豚小間切れ肉を加え
てさっと混ぜる。

4 ふたを閉じ、そのまま弱火で2分ほど蒸し焼きにす
る。

5 ふたを開け、焼きそば麺をほぐしながら加え、炒め
る。

6 塩焼きそば用ソースを加え、さらに炒める。

7 6の中央を空けて、卵を落とし入れる。

8 ふたを閉じ、弱火で2分ほど焼き、裏返して、さら
に1分ほど焼く。

9 火からおろし、1をのせる。

焼く前

麺はパリパリに焼いたほうが
ゲソと豚肉の香ばしさと
相まっておいしいよ

アサシン風目玉焼き鉄板スパゲティ

実は相性がいい HSMとパスタ

暗殺風目玉焼き鉄板ピザスパゲティを焼いて限界レモンジムに通うだけの動画

【 材料（1回分）】

サラダ用パスタ……80g
切り落としベーコン……70g（1パック）
卵……1個
お湯……200㎖

ピザソース……50g
コンソメ（顆粒）……小さじ2
サラダ油……大さじ2
お好みでタバスコ、粉チーズ……適量

【 作り方 】

1 ボウルまたは大きめのカップなどにお湯、ピザソース、コンソメを入れてよく混ぜる。

2 ホットサンドメーカーに、サラダ油とサラダ用パスタを入れて揚げ焼きにする。

3 パスタがきつね色になってきたら、1 を数回に分けて入れ、弱火でよく混ぜながら、麺が好みの固さになるまで煮る（目安4～5分）。

4 スープが無くなってもまだパスタが固いようなら、お湯（分量外）を少しずつ加えながら、好みの固さになるまでさらに煮ていく。

5 切り落としベーコンを加えてよく混ぜる。

6 5 の中央を少し空け、卵を落とし入れる。

7 ふたを閉じ、弱火で2分ほど焼く。

8 お好みでタバスコ、粉チーズを振る。

焼く前

スープを吸ったパスタに
卵とベーコンが絡んで
ちょっとトマトカルボナーラ風の味わい

ダブル明太子和風パスタ

和風の
アサシンパスタ

暗殺風ダブル明太子和風パスタを焼いてハイボールをキメるだけの動画

【 材料（1回分）】

サラダ用パスタ……80g　　　　たらこ茶漬けの素……1袋
辛子明太子……1腹　　　　　　サラダ油……大さじ2
お湯……200mℓ　　　　　　　卵黄……1個
鶏がらスープ（顆粒）……小さじ1　刻み海苔……適量

【 作り方 】

① ホットサンドメーカーに、サラダ油とサラダ用パスタを入れて揚げ焼きにする。

② ボウルまたは大きめのカップなどにお湯、鶏がらスープ、たらこ茶漬けの素を入れてよく混ぜる。

③ パスタがきつね色になってきたら、2を数回に分けて入れ、弱火でよく混ぜながら、麺が好みの固さになるまで煮る（目安4〜5分）。

④ スープが無くなってもまだパスタが固いようなら、お湯（分量外）を少しずつ加えながら、好みの固さになるまでさらに煮ていく。

⑤ パスタがほどよい固さになったら、適当な大きさに切った辛子明太子を加え、崩しながら混ぜる。

⑥ 火からおろし、卵黄と刻みのりをのせる。

焼く前

揚げ焼きの麺にたらこ茶漬けが染み込んだ
あと引くジャパニーズアサシンパスタ

トマトチキンきのこパスタ

しいていえば
煮込みパスタ？

\# 茹で汁が残らないワンパンで作れるトマトチキンきのこパスタをハイボールをキメるだけの動画

【 材料（1回分）】

こんにゃく入りスパゲティ
　……80g

鶏ひき肉……120g

まいたけ……100g

お好みのキャンプ用スパイス
　……適量

Ⓐ トマトソース……150g
　お湯……150㎖

Ⓑ コンソメ（顆粒）……小さじ1
　お湯……100㎖

オリーブオイル……適量

お好みでタバスコ……適量

【 作り方 】

❶ まいたけは調理しやすい大きさに割いておく。

❷ ボウルまたは大きめのカップなどにⒶを入れてよく混ぜる。

❸ ホットサンドメーカーにオリーブオイルを引き、弱火で鶏ひき肉を炒める。

❹ 肉の色が変わってきたら、お好みのキャンプ用スパイスを加えてさらに炒める。

❺ 1を加えて炒め、まいたけがしんなりしてきたら、こんにゃく入りスパゲティを2つに折り、入れて混ぜる。

❻ 2を数回に分けて加え、パスタとよく混ぜながら煮る。

❼ ボウルまたは大きめのカップなどにⒷを入れてよく混ぜ、6に加える。

❽ ホットサンドメーカーのふたを閉じ、パスタがほどよい固さになるまで、弱火で10〜20分煮る。

❾ 火からおろし、お好みでタバスコを振る。

焼く前

アウトドアで大活躍するワンパンパスタ
トマトソースで茹でるから麺に味がシミシミ！

カロリーヤバめのバゲットバーガー

キューバサンド的な
何か

\# カロリーがキューバ危機サンドを焼いてウッドフォードハイをキメるだけの動画

【 材料（1回分）】

バゲット……1本(15cmくらいの長さ)
成形済みのハンバーグ(市販)……2個
溶けるチーズ……4枚
サラダ油……適量

ケチャップ……適量
お好みのマスタード、キャンプ用スパ
　　イス、タバスコ……適量

【 作り方 】

1. バゲットは水平に切り込みを入れ、開けるようにしておく。

2. ホットサンドメーカーに薄くサラダ油を塗り、ハンバーグを並べる。

3. ふたを閉じ、弱火で5分ほど焼き、裏返して、さらに4分ほど焼く。

4. 火からおろし、いったん皿に取り出す。

5. 空いたホットサンドメーカーに、1を斜めに置いて開き、4と溶けるチーズを挟む。

6. ふたを閉じ、弱火で1分ほど焼き、裏返して、さらに1分ほど焼く。

7. ふたを開けてバゲットを開き、ケチャップ、お好みでマスタードを塗り、キャンプ用スパイス、タバスコを振る。

8. バゲットを閉じて皿に盛り、食べやすい大きさに切る。

焼く前

ジューシーでボリューミーなバゲッドサンド
ピクルスを挟んでもおいしい

明太バターマヨチーズバケット

「こういうのでいいんだ のど真ん中！」

明太バターマヨチーズバケットを焼いてハイボールもキメるだけの動画

【 材料（1回分）】
バゲット……1本（15cmくらいの長さ）
辛子明太子……1腹
バター……10g
マヨネーズ……適量

【 作り方 】

① バゲットは縦半分に切る。

② ホットサンドメーカーにバターを入れ、弱火で溶かしながら全体に伸ばす。

③ 1を入れ、バターを染み込ませるように軽く押し、ふたを閉じて裏返す。

④ ふたを開き、ほぐした辛子明太子をバゲット全体にのせ、マヨネーズをかける。

⑤ ふたを閉じ、弱火で3分ほど焼き、裏返して、さらに3分ほど焼く。

⑥ 明太子をのせた側を上にして開き、皿に盛る。

(ちょい足しアレンジ)

明太バターマヨチーズバケットに、溶けるチーズを半分に切ってのせ、ホットサンドメーカーで焼けば、うまさもカロリーも爆上がり！　お好みでタバスコをかけてどうぞ。

焼く前

超シンプル。でも間違いないうまさ。
明太子・バター・マヨネーズの鉄板ギルド

HSMは両面焼きできるから
食感も◎！

焦がしナポリタンのオープンサンド

バリバリ焼きそばオープンサンドを焼いてハイボールをキメるだけの動画

【 材料（1回分） 】

玉ねぎ……1/2個
ピーマン……1個
水煮マッシュルーム
　（スライス）……50g
焼きそば麺……1玉

ハーフベーコン……6枚
全粒粉の食パン
　……1枚（8枚切り）
溶けるチーズ……4枚
水……大さじ1

お好みのキャンプ用スパイス
　……適量
ケチャップ……大さじ3
オリーブオイル……適量
お好みでタバスコ……適量

【 作り方 】

1. 玉ねぎとピーマンは薄切りにする。水煮マッシュルームは水を切っておく。

2. ホットサンドメーカーにオリーブオイルを引き、弱火で 1 を炒める。

3. 野菜がしんなりしてきたら、焼きそば麺と水を入れ、ほぐしながら炒める。

4. ケチャップを加えて炒め合わせる。

5. 4 を平らにし、麺を覆うようにベーコンを敷き詰め、お好みのキャンプ用スパイスを振る。

6. ふたを閉じ、弱火で2分ほど焼き、裏返して、さらに1分ほど焼く。

7. ベーコンがのっている側を上にしてふたを開き、全粒粉の食パンをのせる。

8. ふたを閉じ、弱火で3分ほど焼き、裏返して、さらに2分ほど焼く。

9. 麺側を上にして開き、溶けるチーズをのせる。

10. 再びふたをして、チーズが溶けるまで裏返しながら焼く。

11. チーズ側を上にして皿に盛り、食べやすい大きさに切り、お好みでタバスコを振る。

焼く前

ナポリタン麺の「焦がし」が
ポイント

肉のうま味を閉じ込めて
（物理的に！）

ハンバーグの肉汁シミシミオープンサンド

#ジューシーハンバーグのホットサンドを焼いてメーカーズハイをキメるだけの動画

【 材料（1回分） 】

成形済みのハンバーグ（市販）……1個　　ケチャップ……大さじ1
厚切りの食パン……1枚（4枚切り）　　　ウスターソース……大さじ1
お好みのキャンプ用スパイス……適量　　サラダ油……適量

【 作り方 】

1　ホットサンドメーカーにサラダ油を薄く塗り、成形済みのハンバーグを入れる。

2　ふたを閉じ、弱火で5分ほど焼き、裏返して、さらに4分ほど焼く（裏返すときにホットサンドメーカーの隙間から出る肉汁は、捨てずに器などにとっておく）。

3　ハンバーグを、いったん皿などに取り出す。

4　ホットサンドメーカーに残った肉汁に、2の肉汁を戻し入れ、ケチャップとウスターソースを加えて、弱火で1分ほど煮詰める。

5　厚切りの食パンを入れ、食パンにソースを染み込ませる。

6　5の上にハンバーグをのせ、ふたを閉じ、弱火で3分ほど焼き、裏返して、さらに1～2分焼く。

7　ハンバーグ側を上にして皿に盛り、お好みのキャンプ用スパイスを振る。

焼く前

いかにも男子が好きな
味濃いめ

HSMでキーマカレーが
作れるよ

キーマカレーのオープンサンド

#キーマカレーから作るチーズカレーオープン
サンドを焼いて夜パコをキメるだけの動画

【材料（1回分）】

食パン
　……1枚（8枚切り）
玉ねぎ……1/2個
豚ひき肉……100g
キーマカレー用のルウ
　……1片（約20g）

水……100g
溶けるチーズ……1枚
オリーブオイル
　……適量
お好みでタバスコ、
　ブラックペッパー
　……適量

【作り方】

1 玉ねぎは薄切りにする。

2 ホットサンドメーカーにオリーブオイルを
薄く塗り、玉ねぎを炒める。

3 しんなりしてきたら、豚ひき肉を加え、肉の色が
変わるまで炒める。

4 キーマカレー用のルウと水を入れ、焦げつかないようか
き混ぜながらルウを溶かす。

5 4をホットサンドメーカーの中央に集め、溶けるチー
ズ、食パンの順にのせる。

6 ホットサンドメーカーを閉じ、弱火で3分ほど焼き、裏
返して、さらに3分ほど焼く（ときどき様子を見て、具
がはみ出してきたらパンのほうに寄せながら焼くとき
れいに仕上がる）。

7 具がのっているほうを上にして開き、皿に盛り、お好み
でタバスコやブラックペッパーを振る。

焼く前

甘くない
フレンチトースト

カルボナーラ
フレンチトースト

カルボナーラフレンチトーストを焼いて
ハイボールをキメるだけの動画

【 材料（1回分） 】

バゲット……適量　　　　　溶けるチーズ……2枚
カルボナーラの　　　　　　オリーブオイル
　　パスタソース（市販）　　　　……適量
　　……1袋（130g）　　　　お好みでタバスコ
卵……1個　　　　　　　　　　　……適量

【 作り方 】

① バゲットは、2cmくらいの厚さに切る。

② ボウルにカルボナーラパスタソースと
　卵を入れ、よく混ぜる。

③ 1を2に入れて、よく絡ませる。

④ ホットサンドメーカーにオリーブオイ
　ルを薄く塗り、3を入れてふたを閉じ、
　弱火で3分ほど焼き、裏返して、さらに
　3分ほど焼く。

⑤ ふたを開け、半分に切った溶けるチー
　ズをそれぞれにのせる。

⑥ 再びふたを閉じ、チーズが溶けるまで
　焼いたら、火からおろす。

⑦ お好みでタバスコをかけて食べる。

焼く前

117

ly_rone's
Recipe 3

タルタルたっぷりで
イっちゃって〜

トリテリオープンサンド

#まるごとモモ肉テリヤキチキンサンドを焼いて
ハイボールをキメるだけの動画

【材料（1回分）】

鶏もも肉……1枚
食パン
　……1枚（8枚切り）
せん切りキャベツ
　……50g

蒲焼きのタレ
　……大さじ1
サラダ油……適量
タルタルソース（市販）
　……適量

【作り方】

① ホットサンドメーカーに薄くサラダ油を塗り、鶏もも肉を皮目を下にして入れる。

② ふたを閉じ、弱火で6分ほど焼き、裏返して、さらに4分ほど焼く。

③ 皮目を上側にしてふたを開け、蒲焼きのタレをかけ、ふたを開けたまま弱火で3分ほど焼く。

④ 箸などで鶏肉を裏返し（皮目を下にする）、せん切りキャベツと食パンをのせる。

⑤ ふたを閉じ、弱火で3分ほど焼き、裏返して、さらに2分ほど焼く。

⑥ 皿に盛り、タルタルソースをかける。

焼く前

すごくサクサクかなり
サクサクとってもサクサク

サクサクトンカツサンド

#トンカツ揚げ焼きしてホットカツサンドにする
だけの動画

【 材料（1回分） 】
とんかつ(既製品)……1枚
せん切りキャベツ(市販)……50g
食パン……2枚(8枚切り)
中濃ソース……適量
サラダ油……適量
お好みで粒マスタード……適量

【 作り方 】

① ホットサンドメーカーに多めのサラダ
油を入れ、とんかつを揚げ焼きにする。

② 火を止めて、キッチンペーパーを敷い
た皿などに上げて油を切る。

③ 空いたホットサンドメーカーに食パン
1枚を入れ、せん切りキャベツ、とんか
つの順に重ね、最後に残りの食パンを
のせる。

④ 皿に盛り、食べやすい大きさに切り、中
濃ソースを添え、ディップして食べる
(お好みで粒マスタードをつけてもOK)。

焼く前

ly_rone's
Recipe 3

ありそうでなかった
フレンチなのに中華風

中華風フレンチトースト

\# 中華風フレンチトーストを焼いてハイボールを
キメるだけの動画

【 材料(1回分) 】
チャーシュー(市販)……4枚
溶き卵……卵1個分
刻みねぎ……適量
食パン……1枚(8枚切り)
万能中華調味料(ソフトタイプ)……小さじ1/2
サラダ油……適量

【 作り方 】

1️⃣ チャーシュは細かく刻んでおく。

2️⃣ ボウルなどに溶き卵、1、刻みねぎ、万
能中華調味料を入れてよく混ぜる(万
能中華調味料はスプーンなどでつぶす
ようにして溶かす)。

3️⃣ 食パンは内側部分を四角く切り取り、
白パン部分と耳枠部分に分ける。

4️⃣ ホットサンドメーカーに薄くサラダ油
を塗り、パンの耳枠を置く。

5️⃣ 耳枠の中に 2 を流し入れる。

6️⃣ 5 に白パン部分をはめ込み、軽く押し
て、パンに卵液を染み込ませる。

7️⃣ ふたを閉じ、弱火で3分ほど焼き、裏返
して、さらに2分ほど焼き、皿に盛る。

Check!

耳部分がフレーム
になるように、内側
部分を四角く切り
取る。

焼く前

120

ly_rone's
Recipe 3

初対面だけど意外と
ウマがあったパターン

たこ焼きグラタン

#たこ焼きグラタンを作ってハイボールをキメるだけの動画

【 材料（1回分）】
冷凍たこ焼き（市販）……9個
玉ねぎ……1/4個
冷凍シーフードミックス……100g
ホワイトソース（市販）……70g
牛乳……大さじ3
溶けるチーズ……3枚
オリーブオイル……適量
お好みのキャンプ用スパイス……適量
青のり、かつお節……適量
お好みでマヨネーズ、ソース……適量

【 作り方 】

1. 玉ねぎは薄切りにする。冷凍シーフードミックスは解凍しておく。

2. ホットサンドメーカーにオリーブオイルを引き、弱火で玉ねぎを炒める。

3. しんなりしてきたらシーフードミックスを入れて炒める。

4. ホワイトソースと牛乳を加えてよく混ぜ、弱火で2分ほど加熱する。

5. 冷凍たこ焼きを入れ、溶けるチーズをのせる。

6. ふたをして、弱火で3分ほど加熱する。

7. ふたを開け、お好みのキャンプ用スパイスを振り、青のり、かつお節をかけて火からおろす。

8. お好みで、マヨネーズやソースをかける。

焼く前

121

山いもミルフィーユケーキ

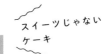

スイーツじゃないケーキ

山芋ミルフィーユ鉄板ケーキを焼いてハイボールをキメるだけの動画

【 材料（1回分） 】

山いも焼きの粉（お好み焼きの粉でもOK）……50g
長いも……200g
豚ロース肉（薄切り）……9枚
卵……1個

お好みのキャンプ用スパイス……適量
サラダ油……適量
お好み焼きソース……適量

【 作り方 】

1 長いもは皮をむいてすり下ろす。

2 豚ロース肉はキャンプ用スパイスを振っておく。

3 ボウルに 1、山いも焼きの粉、卵を入れてよく混ぜ、山いも焼きのタネを作る。

4 ホットサンドメーカーにサラダ油を薄く塗り、3 の1/3量を入れ、スプーンなどで広げる。

5 4 の上に、2 を3枚並べる。

6 同様に、残りの山いもタネと豚ロース肉も重ねていく（一番上は豚ロース肉になるようにする）。

7 ふたを閉じ、弱火で5分ほど焼き、裏返して、さらに2 ～ 3分ほど焼く。

8 肉を上にして皿に盛り、食べやすい大きさに切り、お好み焼きソースをかける。

焼く前

ケーキみたいなふわふわ食感
でも中身は豚肉のうま味が
たっぷり

ただただ広島焼きが
食べたいのだ！

ずぼらな広島リスペクト焼き

#ずぼら広島リスペクト焼きをコロナでキメるだけの動画

【材料(1回分)】

お好み焼きの粉……50g　　豚バラ肉(薄切り)……5枚　　サラダ油……適量
キャベツ……2cm厚　　　　卵……1個　　　　　　　　ソース、青のり、かつお節……適量
焼きそば麺(蒸し)……1玉　　水……50〜70㎖　　　　　お好みでマヨネーズ……適量

【作り方】

① ボウルにお好み焼きの粉と水を入れ、よく混ぜてタネを作る。

② キャベツは芯の部分をとる（葉はバラさない）。

③ ホットサンドメーカーに薄くサラダ油を塗り、1の半量を流し入れて広げる。

④ 3の上に、2とほぐした焼きそば麺をのせ、タネの残りをかけ、豚バラ肉をかぶせる。

⑤ ふたを閉じ、弱火で7〜8分焼き、裏返して、さらに3〜4分焼く。

⑥ ふたを開け、P.64の手法で、いったん皿に取り出す。

⑦ 空いたホットサンドメーカーにサラダ油を薄く塗り、粗く崩した卵を流し入れて焼く。

⑧ 卵が固まってきたら6を戻し入れ、ふたをして裏返す。

⑨ ふたを開けてソースをかけ、再びふたをして裏返す。

⑩ ふたを開けて、ソース、青のり、かつお節をかける。

⑪ お好みでマヨネーズをかける。

焼く前

ずぼらな厚切りキャベツの
甘みと食感が
けっこうクセになる！

ベイクドモチョチョの マリトッツォ風

または今川焼き、
大判焼き、回転焼き、
甘太郎焼き、おやきetc……

今ガンガンきてるマリトッツォをベイクドモチョチョで作って
大人ミルクをキメるだけの動画

【 材料（1回分）】
冷凍今川焼き……1袋
バター……20g
ホイップクリーム（市販）……適量

【 作り方 】

① ホットサンドメーカーにバターを入れ、弱火で溶かしながら全体に伸ばす。

② 冷凍今川焼きを入れ、全体にまんべんなくバターを絡める。

③ ふたを閉じ、弱火で3分ほど焼き、裏返して、さらに3分ほど焼く。

④ 皿に盛り、半分に切ってホイップクリームをのせる。または、さらに水平に切ってホイップクリームをたっぷり挟む。

焼く前

高カロリーな頭の悪い
ジャパニーズマリトッツォ
けっこうヤバめのうまさ

何も考えずに
フリフリするだけ

絶望的に頭が悪い大学いも

\# 絶望的に頭が悪い F ラン大学イモを
オトナミルクでキメるだけの動画

【 材料（1回分） 】
さつまいも……3本（300g）
大学いものタレ（市販）……1袋（80g）

【 作り方 】

1. さつまいもは皮がついたまま、長さ12cmの棒状に切る。

2. ホットサンドメーカーに 1 を入れる。

3. ふたを閉じ、ときどきゆすりながら、弱火で5分ほど焼き、裏返して、さらに5分ほど焼く。

4. ふたを開け、大学いものタレをかける。

5. ふたを閉じ、タレがさつまいも全体に絡むようによくゆする。

― ポイント ―

乱暴にゆするとさつまいもが崩れるので、優しく。

焼く前

絶望的に頭が悪い大学いもアイス

人気のアイスを
掟破りの魔改造！

絶望的に頭が悪い F ラン大学イモをオトナミルクでキメるだけの動画

【 材料（1回分）】

絶望的に頭が悪い大学いも（P.128参照）
　……4~6本くらい

チョコモナカアイス……1個

ホイップクリーム（市販）……適量

チョコレートソース（市販）……適量

【 作り方 】

①　チョコモナカアイスを、モナカの合わせ目で半分に開く。

②　①のそれぞれに、絶望的に頭が悪い大学イモを2~3本ずつのせる。

③　②にホイップクリームをのせる。

④　③にチョコレートソースをかける。

ly_rone's
Recipe 3

ランチとかスナックとかの名前の
あのサンドで作ってみた

ピーナッツバターの
フレンチトースト

ピーナッツバター イン フレンチトーストを
焼いて朝パコをキメるだけの動画

【 材料（1回分） 】
携帯サンドイッチ（ピーナッツバターサンド）
　……1パック
卵……1個
牛乳……100mℓ
グラニュー糖……小さじ1

【 作り方 】

1. ホットサンドメーカーに、卵、牛乳、グ
ラニュー糖を入れてよく混ぜる。

2. 携帯サンドイッチを入れ、1を全体によ
く絡める。

3. ふたを閉じ、弱火で3分ほど焼き、裏返
して、さらに3分ほど焼く。

4. P.64の手法で取り出して皿に盛り、そ
れぞれ半分にカットする。

―――― ポイント ――――

ハムチーズ、ツナ、いちごジャムなど、ほかのサ
ンドで作ってもおいしい！ いろいろ試してみよう。

焼く前

何でも使える！
メスティン活用レシピ

メスティンは汎用性の高い「四角いクッカー」

メスティンはいわゆる「飯盒(はんごう)」ですが、その汎用性は高く、幅広い調理に使えます。このコラムではそんなメスティンの便利な使い方と、メスティンで作る、簡単でおいしいレシピをご紹介します。

リロ氏おすすめメスティンの選び方

動画でもたびたび登場する、リロ氏愛用のIMCOの2合メスティン（写真はリロ氏私物）。

●表面加工がされているもの
いわゆるフッ素コーティングがされているタイプがおすすめ。くっついたり焦げたりしにくく、汚れも落ちやすいので調理も手入れも簡単です。

●厚みがあるもの
薄いタイプは直火にかけると変形することがあります。直火にかけても変形しにくい、厚みのあるものがおすすめです。加工されていて厚みがあるものは、一般的なメスティンよりやや重め。とはいえ、持ち運びや使い勝手が悪くなるほどではないので、それを差し引いても、加工＆厚みのあるタイプがおすすめです。

メスティンでできること

焼く

煮る

揚げる

ほどよい深さと大きさなので、煮る（炊く）・焼く・炒める・揚げるなど、基本的な調理がほぼできます。また、ふたも浅鍋として使えるので、同時に2つの料理を作ることも可能。ガンガン火にかけるのはNGですが、ガス火で使うなら汎用性の高いアイテムです。ソロキャンでガスバーナーオンリーなら、基本的にメスティン1つでメシ作りがまかなえます。

メスティンでキャンプメシを作ってみよう

焼く・煮る・揚げる。これ1つでほぼ調理を完結できるのがメスティンの長所。
みんな大好き焼肉定食で、その使い方をおさえておきましょう。

メスティンで焼肉定食

メスティンだけで
完結する

#メスティンで焼肉定食を作ってハイボールを
キメるだけの動画

【 材料(1回分) 】

無洗米……1合
水……200mℓ
豚肉(薄切り)……120g
玉ねぎ……1/4個
ピーマン……1個
プルコギのタレ(市販)
　……大さじ3
卵黄……1個

【 作り方 】

1　深鍋に米と水を入れてふたをし、ごは
　んを炊く。

2　玉ねぎは薄切りに、ピーマンは細切り
　にする。

3　浅鍋(メスティンのふた)に豚肉と2を入れて炒める(火傷に注意)。

4　全体に火が通ったら、プルコギのタレを加えて炒める。

5　全体にタレが回ったら、火からおろす。

6　ごはんの上に焼き肉をのせながら食べる。卵黄を落として食べてもおいしい。

餃子ピラフ

中華の鉄板組み合わせを
悪魔的生成

うまかっちゃんと餃子でピラフを作って割と濃いめハイボールをキメるだけの動画

【 材料（1回分）】

無洗米……150g(1合)
インスタントのとんこつラーメン
　（袋麺）のスープ……1個
冷凍餃子（市販）……3個
水……400ml
溶き卵……1個分

カット野菜（レタスサラダ系）
　……1/4袋
サラダ油……大さじ1
お好みのキャンプ用スパイス
　……適量

― ポイント ―

使用するインスタント
のとんこつラーメンに
調味オイルがついてい
る場合は、カット野菜を
入れるタイミングで一
緒に入れよう。

【 作り方 】

1. 大きめのカップなどにインスタントのとんこつラーメンのスープと水を入れ、よく混ぜ合わせておく。

2. 深鍋にサラダ油と米を入れ、弱火で炒める。

3. 1を数回に分けて入れ、弱火でよく混ぜながら、米が好みの固さになるまで煮る。

4. スープが無くなってもまだ米が固いようなら、お湯（分量外）を少しずつ加えながら、好みの固さになるまでさらに煮ていく。

5. 4に冷凍餃子を加え、柔らかくなったら、メスティンの中で崩してよく混ぜる。

6. ふたをして、火からおろし、10分ほど置いて蒸らす。

7. ふたを取り、再び弱火にかけ、ごはんの中央に穴を開け、溶き卵を流し込む。

8. 全体をよく混ぜ、卵に火が通ったら、サラダ用カット野菜を入れてさっと混ぜる。

9. 火からおろし、お好みのキャンプ用スパイスを振る。

餃子が具になった
とんこつ風味の炊き込みごはん
サラダ野菜が意外といいアクセント

サーモンステーキ鶏ガラ茶漬け

HSMとメスティンで
作る豪華なお茶漬け

サーモンステーキ鶏ガラ茶漬けを作るだけの動画

【 材料（1回分）】

無洗米……1合
刺身用サーモン（冊）……1本（150g）
水……200ml
鮭茶漬けの素……1個
鶏がらスープの素（顆粒）……小さじ1
お湯……150ml

【 作り方 】

1. 深鍋に米と水を入れてふたをし、ごはんを炊く。

2. ホットサンドメーカーに鮭を入れてふたを閉じ、弱火で2分ほど焼き、裏返して、さらに3分ほど焼く。

3. 1に2をのせ、鮭茶漬けの素をかける。

4. 大きめのカップなどに鶏ガラスープの素とお湯を入れてよく混ぜ、3にかける。

刺身用のサーモンを
使った贅沢お茶漬け
サーモンはレア気味
でもおいしい

レア海老天しゃぶしゃぶ

深さのあるメスティン
だからこんな楽しみ方も

#レア海老天しゃぶしゃぶとタコ天をハイボールでキメるだけの動画

【 材料（1回分） 】

生食用のエビ（寿司用の開いたもの）……8本
生食用のタコの足……1本
天ぷら粉……50g
サラダ油……適量
お好みで塩、味付きカレーパウダー……適量

【 作り方 】

1. 天ぷら粉は、袋の表記通りに水（分量外）で溶いておく。

2. タコはぶつ切りにする。

3. 深鍋の1/4程度までサラダ油を入れ、火にかけて温める（油の入れすぎに注意）。

4. エビを 1 にくぐらせて、揚げ油でしゃぶしゃぶするイメージで、さっと揚げる（目安時間20秒）。

5. 浅鍋（メスティンのふた）にキッチンペーパーを敷き、4を上げて油を切る。

6. タコも同様の方法で、サッと揚げる（目安時間20秒）。

7. エビ天は、お好みで塩をかけて食べる。タコ天は好みで味付きカレーパウダーをかけて食べる。

生食用の具材だから、
中まで完全に火を通さず
しゃぶしゃぶの要領で
サッと揚げるのがおすすめ

まつぼっくり砂肝

焼きも揚げも
メスティン1つで

砂肝まつぼっくりをカラアゲにしてウッドフォードハイをキメるだけの動画

【 材料（1回分）】

砂肝……6個　　　　　サラダ油……適量
ごま油……適量　　　　お好みでポン酢……適量
唐揚げ粉……適量

━ ポイント ━

砂肝の揚げ時間は、砂肝自体にすでに火が入っているので、衣がカリッとすればOK。

【 作り方 】

1. 砂肝は半分に切り、格子状に切れ目を入れる。

2. 深鍋に薄くごま油を引き、**1**をなるべく重ならないように入れる。

3. ふたをして、軽く揺すりながら弱火で3分ほど焼く。

4. ふたを開けて**3**を裏返し、再びふたをして3分ほど焼く。

5. 松ぼっくり状に開いたら、いったん皿に取り出す。

6. ボウルに唐揚げ粉と袋の表記通りの水（分量外）を入れてよく混ぜ、**4**を入れて衣をつける。

7. 空いた深鍋をキッチンペーパーで軽く拭き、1/4程度までサラダ油を入れ、火にかけて温める（油の入れ過ぎに注意！）。

8. 油が温まったら、**5**を入れて揚げ焼きにする。

9. 油を切って皿に盛り、お好みでポン酢をかけて食べる。

Check!

格子状に切り込みを入れる。
下まで切らないように注意。

焼くと切り込みを入れた部分がまつぼっくりのように開く。

コリコリとサクサクの
両方の食感にハマる
予想以上にお酒がすすむので注意！

深さと長さがあるから
串揚げもできる

焼き鳥カラアゲ

焼き鳥のカラアゲを割と濃いめハイボールで
キメるだけの動画

【 材料 (1回分) 】
串に刺さった生の焼き鳥(市販)……10本
唐揚げ粉……50g
水……50㎖
サラダ油……適量
お好みでレモン(または市販のレモン汁)……適量

【 作り方 】

1 チャック付き保存用ポリ袋に、焼き鳥、唐揚げ粉、水を入れて口を閉じ、焼き鳥全体に唐揚げ粉が行き渡るように揉む。

2 深鍋の1/4程度までサラダ油を入れ、火にかけて温める(油の入れすぎに注意)。

3 2に1を、2本くらいずつ入れ、肉の中まで火が通るまで揚げる(目安時間3〜4分)。

4 浅鍋(メスティンのふた)にキッチンペーパーを敷き、3を上げて油を切る。

5 お好みでレモンをかけて食べる。

1人鍋にもいい
サイズ感

Column

豚キムピーマン鍋

暑くて熱い鍋食いたくなったので豚キムチ
ピーマン鍋をハイボールでキメるだけの動画

【材料（1回分）】

ピーマン……7〜8個
豚肩ロース肉（薄切り）……250g
お好みのキャンプ用スパイス……適量
1人用キムチ鍋の素……1個
水……150mℓ
サラダ油……適量

【作り方】

1 ピーマンは上部を切ってタネを取り出し、カップ状にする。

2 豚ロース肉に軽くキャンプ用スパイスを振っておく。

3 1に2を1枚ずつ詰める。

4 深鍋に、ピーマンの口が下になるようにして3を並べ、弱火にかける。

5 1人用キムチ鍋の素と水を入れ、ふたをして弱火で10分ほど煮る。

Check!

ピーマンの口を下にして立てて入れると安定する（横や逆に入れると具が出る場合があるので注意）。

143

リ口氏 (りろし)

平成生まれのソロハンター、ソロキャンパーとして、X (Twitter) や YouTube で狩猟情報やアウトドア情報を発信中。猟銃の所持歴は 10 年以上。SNS で投稿するホットサンドメーカー使用のレシピ動画は 260 万再生とバズリ、X のフォロワーは 70 万人、YouTube チャンネル登録者は 72 万人を誇る (2023 年 11 月現在)。著書に『リ口氏のソロキャンレシピ』(マキノ出版)、『リ口氏の欲望に従った限界キャンプ飯』(KADOKAWA) などがある。

リ口氏の絶望的に頭が悪いHSM レシピ

2024 年 1 月 29 日　初版発行

著　者／リ口氏

発行者／山下直久

発　行／株式会社 KADOKAWA

　　　　〒 102-8177　東京都千代田区富士見 2-13-3

　　　　電話 0570-002-301 (ナビダイヤル)

印刷所　TOPPAN 株式会社

製本所　TOPPAN 株式会社

●お問い合わせ
https://www.kadokawa.co.jp/ (「お問い合わせ」へお進みください)
※内容によっては、お答えできない場合があります。
※サポートは日本国内のみとさせていただきます。
※ Japanese text only

定価はカバーに表示してあります。

レシピ協力／しらいしやすこ、小澤綾乃
デザイン／ライラック
DTP ／エヴリ・シンク
撮影／市瀬真以
スタイリング／木村柚加利
ライター・イラスト／ブー・新井
校正／一條正人
編集／戸田竜也 (KADOKAWA)
撮影協力／和平フレイズ株式会社

UTUWA 03-6447-0070